JN040065

ラグビー
勝負のメカニズム

後藤翔太
ラグビー元日本代表

KADOKAWA

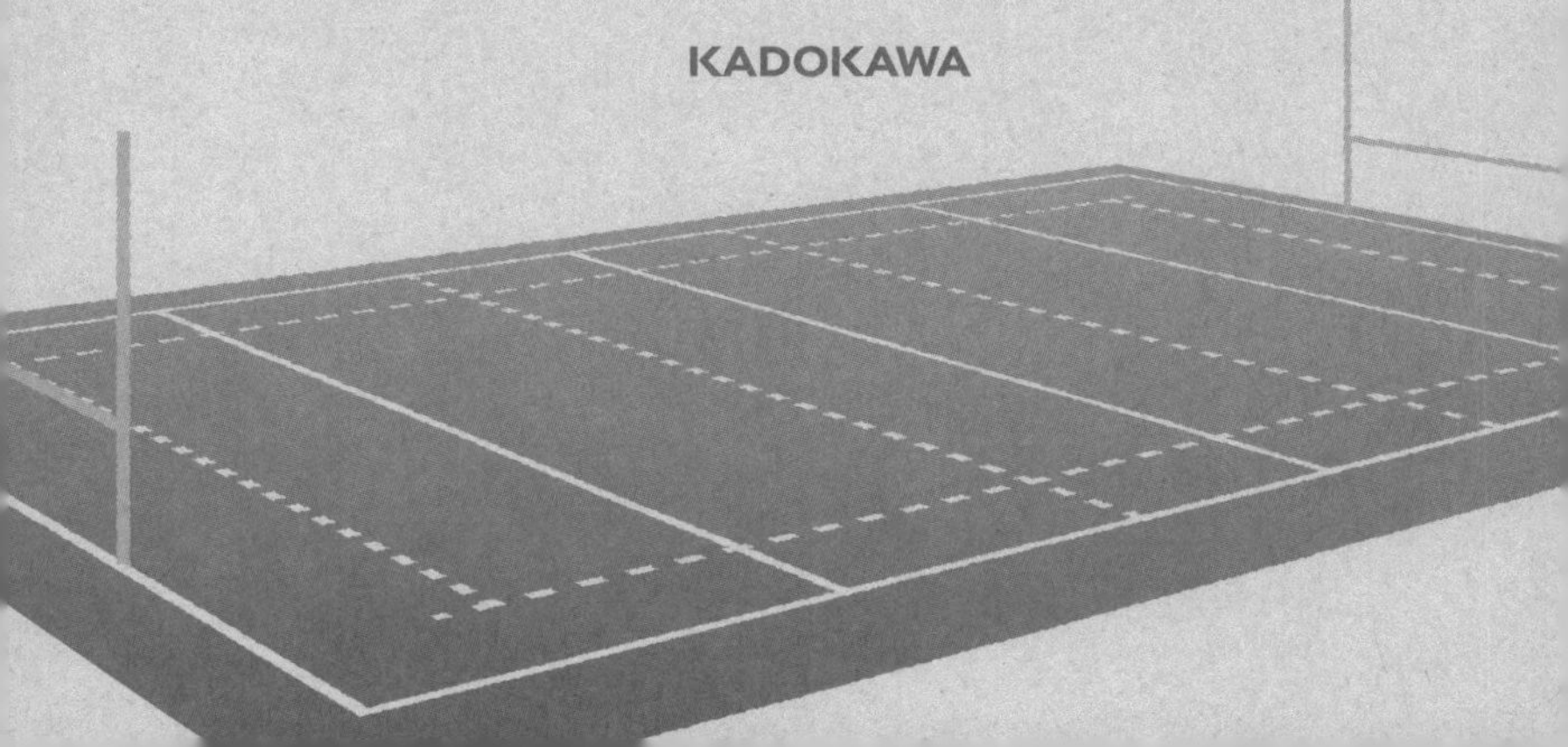

ラグビー　勝負のメカニズム

後藤翔太

はじめに

こんにちは、後藤翔太《ごとうしょうた》です。

僕は元ラグビー選手で、現在はラグビー解説者やコーチとして活動しています。現役時代はスクラムハーフというポジションでプレーしていました。

ラグビーには、身体が大きく、パワフルで激しいプレーを求められるフォワードと、足が速く、パスやキックを巧みに使うことを求められるバックスという、大きく2つに分けられたポジションがあります。

その中で、僕はスクラムハーフという、バックスに分類され、フォワードとバックスを繋《つな》ぎ、それぞれの良さを引き出して、チームが勝てるようにゲームを作っていくポジションを担っていました。

僕は30年以上ラグビーに関わってきましたが、ラグビーはとても魅力的で奥深いスポーツです。２０１９年に日本で開かれたワールドカップをご覧になって、ラグビーの圧倒的な激しさ、緻密《ちみつ》さ、そして精神性に触れ、ファンになった方も多いのではないでしょうか。そして今年２０２３年は、再びワールドカップが9月8日にフランスで開幕します。日本代表には、史上初めてベスト8に入った前回以上の成績を期待する声が多くあがっていますし、前回優勝した南アフリカや、前回は3連覇を目指しながら優勝を逃した「ラグビー王国」ニュージーランド、開催国のフランス、そして日本と同じ組になったイングランドやアルゼンチンなど、世界中のいろいろなチームが、それぞれ個性的なチームカラーでよりよい成績を目指しています。大会が始まったら、前回大会以上に、ラグビーの虜《とりこ》になってしまう方が増えるのではないでしょうか。

その一方で「ラグビーはルールがわかりにくい」という声もよく聞きます。テレビ中継でも「ノットロールアウェイ」など、普通の生活では耳にしない、中学や高校の体育の授業でも聞いたことのないような反則名がよく聞かれます。さらに、1チーム15人、両チームで30人の選手がグラウンドの中にいて、ネットを挟むわけでもなく入り乱れて戦っているので、どこを見たらいいか分からず、じっくりと見たことがないという方もいらっしゃると思います。

ただ、繰り返しになりますが、ラグビーは人を惹《ひ》きつける本当に面白いスポーツなのです。この魅力について、この本でこれからたっぷりお伝えしていきたいと思います！

僕はプレーヤーとして桐蔭《とういん》学園高校、早稲田《わせだ》大学、神戸製鋼《こうべせいこう》でプレーをし、日本代表にも選出されました。引退した後は追手門《おうてもん》学院大学の女子セブンズチームの監督やユース日本代表のコーチ、早稲田大学のアシスタントコーチなどを務めました。僕が指導したチームはどこも能力の高い選手が多く揃っているようなチームではありませんでした。そのため、戦術（セオリー）にもトレーニングの内容にもいろいろな工夫をして、少しでも勝つ確率を上げようと取り組みました。また、その過程でたくさんの選手や指導者からヒントをもらい、学び、それをコーチとして選手に伝えるための言語化を試み、勝つための答えを探し続けてきました。そして、その作業はいまだ継続中です。

もっとも、この作業は永遠に終わるものではありません。いつも多くの選手やコーチが新しい理論や戦術を考え、練習を重ね、その上で瞬時の判断により新たなプレーが生まれていき、ラグビーは常に進歩し続けています。つまり、最新の理論も戦術もすぐに塗り替えられます。逆に言うと、いつまで経っても答えには辿《たど》り着かないのです。強いて言えば、あるのはそのときどきの「先頭にいる」理論や戦術でしょう。

僕は、ラグビーに関心を持ってくれた方々には、もっともっと楽しんで見てもらいたいと思っています。そのためには、なるべく戦術や技術も理解して見てもらった方がいいでしょう。ただ、細かい理論や戦術、またラグビーのルールは、常に更新されていきます。それを前提とすると、表面的な戦術論ではなく、その根底にある、ラグビーの基本構造を理解してもらうことが最良なのではないか――僕はそう考えて、今回この本を作りました。

ラグビーは構成要素が非常に多いスポーツです。また、状況も常に変わり続けるので、唯一の絶対解は存在しません。しかし、ラグビーの基本的な構造や、現存する合理的とされる戦術、プレーのメリットやデメリット、勝負に直結しやすい要素などを理解しておくと、お互いのプレーの意図や狙いを読み取ることができ、試合をさらに楽しむことができると思います。

僕は、ラグビーを好きになった人はみな「ラグビーファミリー」だと思っています。ずっとラグビーを好きだった人も、最近好きになった人も、好きなことに変わりはありません。同じものを好きな者同士、みな仲間、ファミリーだと思っています。それはラグビーを始めてから選手として、コーチとして、解説者として、いろいろなところへ行き、いろいろな人と接し、いろいろなことを経験してきた上での実感です。

この本を読んでいただければ、最近ラグビーを好きになったみなさんも、観戦のベテランも、実際に戦っている選手やコーチの視点や感覚を理解しながら、さらにラグビーを楽しんでいただけると思います。

では楕円《だえん》球の世界へ、一緒に出かけましょう！

目次

構成／大友信彦
装丁／華本達哉（aozora）

第1章

ラグビーの基本構造

~ラグビーとは矛盾のスポーツである~

▼僕も「分かったつもり」になっていた

最初に、僕とラグビーの関わりについて、お話ししたいと思います。

僕がラグビーを始めたのは小学2年生のときでした。父はプレーをしたことはありませんでしたがラグビーが好きだったようで、僕の1歳の誕生日プレゼントはラグビーボールでした。革製のそのボールはいつも家に転がっていて、僕のおもちゃになっていました。

子どもの頃の僕は身体が小さくて不器用で勉強もできず、何をやっても友達に勝てませんでした。でも、強くなりたい、何かで一番になりたいと思っていました。そんな時、テレビで防具をつけヘルメットを被《かぶ》り激しくぶつかり合うスポーツを見て、「カッコいい！　このスポーツをやってみたい！」と思ったのです。このスポーツをやれば強くなれる気がしました。そして、テレビに映る選手達が持っているボールは、家にあるボールと同じ楕円《だえん》の形をしていました。僕は父親に「僕、ラグビーやりたい！」と頼みました。父は「そうか」と言って、大分《おおいた》ラグビースクールに連れて行ってくれました。僕のラグビー人生はそこから始まりました。

でも、練習に通うようになっても、なかなか防具をつけません。「まだ練習だからかな、試合になったらつけるのかな……？」と疑問を持ちましたが、それを尋ねる相手もいません。しばらくするうちに、これは僕がやりたかったスポーツとは違うのではないか……と思いはじめました。そして予感は当たり、試合になってもヘルメットを被ることはありませんでした。僕はラグビーとアメフトを勘違いしていたのでした。おそらく、父は最初から僕の勘違いに気づいていたと思いますが、息子が自分の好きなラグビーを始めるならラッキーだと思っていたのでしょう。また僕自身、自分から言い出して始めたことなので、今更「これは思っていたスポーツとは違う」とは言い出せなかったし、実際に始めてみたらラグビーでかっこいいな、と思うようになりました。強くなりたい（＝強そうに見られたい）という僕の願望は、ヘルメットや防具をつけなくても、実現するような気がしたのです。

そういう意味で、僕はラグビーというスポーツの魅力を分かって始めたわけではありませんでした。強くなりたい、かっこよくなりたいという気持ちと、勘違いによって、偶然（父としては狙い通りかもしれません）ラグビーを始めたのでした。

もちろん、実際に始めてみると、ラグビーは面白いスポーツだと感じました。ただ、面白いけれど、わかりにくさもありました。それは、ラグビーに「矛盾」する要素が存在したからです。

たとえば、「ラグビーはコンタクトスポーツだから身体を大きくしなさい」と言われる一方で、太る暇がないくらい走る練習も多かった。「激しくプレーしなさい」と言われる一方で、「もっと冷静に判断しなさい」とも言われました。子供心に「矛盾しているなぁ」と当時から思っていました。

そののち、僕は選手としてたくさんの経験を積むことができました。特に早稲田大学時代は清宮克幸《きよみやかつゆき》監督のもとで、早稲田大学が常勝軍団と呼ばれる時代にプレーして優勝も2度経験し、その後は神戸製鋼に進み、日本代表にも選ばれました。ラグビーを分かったつもりになっていました。

▼指導者になって直面した「矛盾」の壁

しかし、現役を引退して、コーチをする立場になったとき、自分が選手時代に言われたように選手に矛盾したことを要求しなければいけないことに気づいたのです。そして思いました。「こんな矛盾したことを要求されたら、選手達は迷うだろうな……」と。

僕が最初にコーチをしたチームは追手門学院大学女子ラグビー部でした。チームには何人かラグビー経験者はいましたが、半数以上は初心者でした。ラグビーとはどんなスポーツなのか、一から伝えなければなりませんでした。

だから、僕がラグビーを指導するにあたって最初に取り組んだテーマは「ラグビーに存在する矛盾をどう克服するか」、つまり「一見矛盾するように見える要素をどのように矛盾なく整理するか」でした。

僕はこの過程を通じて、ラグビーの奥深さに一気にはまっていきました。ラグビーというスポーツの矛盾が生まれる基本的な構造、そうなっている理由を理解すると、ラグビーの魅力にさらに惹きこまれていったのです。これは僕自身がコーチを始めてラグビーを勉強しながら実感したことです。

それではみなさん、ラグビーの基本構造、そしてそれを作った歴史を知ることから始めていきましょう。

1

ラグビーは点が入りにくいスポーツである

▼ラグビーは点が入りにくいルールになっている！

ラグビーというスポーツの大きな特徴は、点が入りにくいことです。

その特徴を生み出しているのが「ボールを前に投げてはいけない」というルールです。

ラグビーではボールを前に運んでゴールラインまで持っていき、地面に置くことを「トライ」といいます。このトライを重ねて点をたくさん取った側が勝つわけですが（ほかにもペナルティゴール〈PG〉やドロップゴール〈DG〉という得点方法もあるのですが、それはいったん置いておきます）、そのためにはボールを前に運ばなければならないのに、前に投げてはいけないというルールが設定されています。前にボールを運ぶために最も効率的だと考えられる「前にパスをするプレー」を禁止するという、矛盾するような制限がされているのです。

変なルールだなと感じる方もいるかもしれません。ですが、これはラグビーというスポーツの始まりと関係しています。ラグビーはそもそも点が入りにくいスポーツとして生まれたのです。

歴史的に言いますと、ラグビーの始まりとなった原始フットボールは、中世のヨーロッパ、特に英国で民衆によって行われていたゲーム（フォーク・フットボール）だったと言われています。これはいってみれば村対抗のお祭りで、例えばひとつの村を舞台に、端から端までを使って、「ここまでボールを運んだら勝ち」というルールで行われていたと言います。

そして、その頃のルールは、多くの場合「点が入ったら終わり」、つまり1点先取の勝負だったというのです。片方の村のチームが強く、すぐに点が入ってしまったら簡単に勝負がついてしまい、その瞬間にお祭りは終わってしまうのです。「時間無制限1本勝負」の格闘技で、開始後すぐにKOによって勝負が終わるような試合と同じです。そうなった場合、長い時間試合（お祭り）を楽しむことはできません。

そのため、もっと長い時間祭りを楽しみたいと思った村人たちは、前にパスすることを禁止し、その1点が入りにくいようにルール変更をしました。それにより、そのお祭りは何日も続くこともあったそうです。

このように、フットボールというスポーツは、そもそも点が入りにくいように作られ、その他のルールは、その（点が入らない）時間をさらに楽しめるように後付けでできたものです。時代に合わせてたくさんの変更が加えられていったのです。

そんな背景を持つフットボールはそこから、国や地域、あるいは学校によっていろいろなルールが生まれ、それぞれ独自のスポーツになっていきました。ラグビーとサッカー、アメフトはその代表格ですが、世界にはいろいろなフットボールが現存しています。主にアイルランドで行われているゲーリックフットボールやハーリング、オーストラリアで行われているオージーボール（オーストラリアンフットボール）などのスポーツが、それぞれの地域で今も盛んです。

ラグビー（15人制ラグビーユニオン）は、そういうたくさんあるフットボールのひとつで、多くの国に広がって、人気スポーツになっています。

では、そんなラグビーというスポーツには、他にどのような特徴があるか整理していきましょう。

2 ラグビーという競技の特徴、基本設計

▼多様なポジション

ラグビー（15人制ラグビーユニオン）のルールの一番の特徴は何かといえば、やはり「ボールを前に投げてはいけない」という点でしょう。その一方で、「ボールを前に投げる以外は、ほとんどあらゆることができる」と言うこともできます。

ボールを持って何歩でも走って良いし、相手と直接コンタクトできる。ボールは前に蹴《け》ってもいい。ひとりではなく大勢で塊になってひとつのボールを前に運ぶこともできる。ボールを持っていないときは、タックルで直接自分の身体をぶつけてボールを奪い

返すこともできます。そういう制約の少なさにより、ラグビーは様々な要素が混在するスポーツとして発展してきました。そのひとつの表れが多様なポジションの存在です。ラグビーのポジションは大きく「フォワード（ＦＷ）」と「バックス（ＢＫ）」に分けられます。（21頁図参照）

わかりやすく言うと、ＦＷは、主に相手と身体をぶつけてボールを獲得することが役割、ＢＫは、ＦＷが獲得したボールをキックやパスやランを使って前に進めるのが役割です。僕が素晴らしいと思うのは、ポジションによっていろいろな役割があることによって、ラグビーではいろいろな体型、特性、得意な分野に応じて、相応《ふさわ》しいポジションがあることです。背が高い人にも、足が速い人にも、足はそんなに速くないけれど身体が頑丈な人にも、背は高くないけれど手先が器用な人にも、それぞれ個性を発揮できるポジションがあるのです。

▼細分化された役割

ＦＷの中でも役割はいろいろあります。

スクラムでボールを獲得するためには身体の強い選手が、ラインアウトやハイボールキャッチでは背の高い選手が主役になります。スクラム最前列の左右で相手と組み合うプロップ（PR／古代ギリシャ語で支柱という意味があるそうです）と、スクラムに投入されたボールを足を使って掻《か》き出す役割のフッカー（HO）では、同じFW第1列でも役割が異なり、必要な能力も違ってきます。日本代表／埼玉パナソニックワイルドナイツでフッカーとして活躍する堀江《ほりえ》翔太《しょうた》選手はFW最前列の選手とは思えないほど器用で、キックもパスも巧みです。

FWは全員がスクラムを押す役割を担っていますが、そのほかにラインアウトではジャンプしたり、ジャンプする選手を支え上げたり、ここでもすべてのポジションに役割があります。全員に同じベーシックな役割がある上で、各ポジションには専門スキルがあります。

それはBKでも同じです。

もちろん全員パスが上手《うま》くてキックも上手い、俊敏でかつ相手とコンタクトしてもボールを失わないフィジカルの強い選手であれば理想的ですが、チームというのは面白いもので、全員が万能選手であればよいというものでもありません。一芸に秀でた選手は、他のことができない代わりに、自分の専門分野ではとてつもない力を発揮したりします。一方で、そのようなスペシャリストをたくさん揃えればいいかというとそうではなく、スペシャリストの能力をうまく掛け合わせるコーディネーター役、万能選手も必要にな

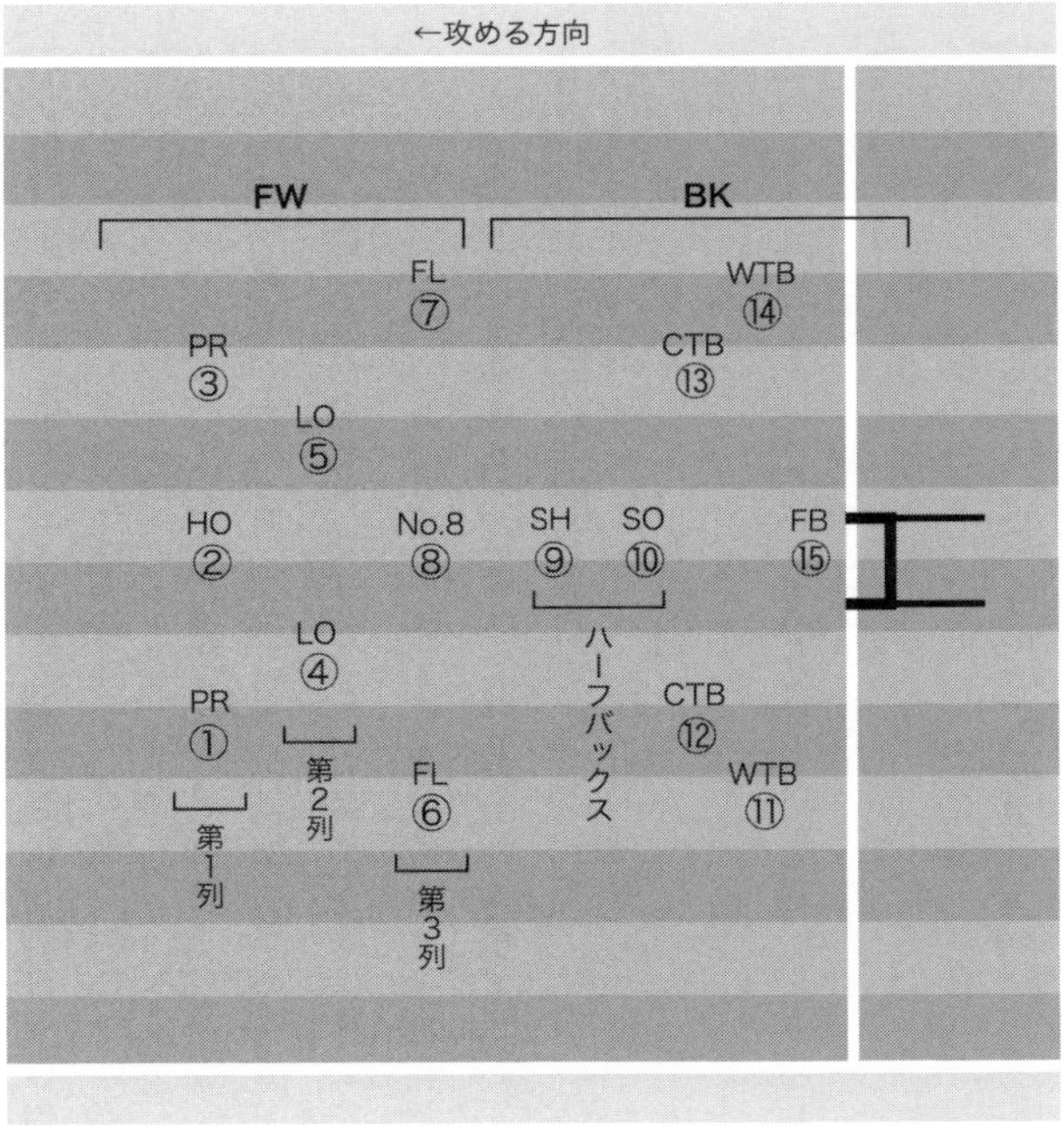

ラグビーのポジション

ります。ＢＫのプレーを補完できるＦＷの選手や、逆にＦＷのプレーを補完できるＢＫ選手がいたりすると、判断における選択肢、戦術のオプションが増えます。

▼スペシャリストとゼネラリスト

その一方で、ラグビーは選手交替の少ないスポーツでもあります。１９９０年代半ばまで、ラグビーでは負傷以外の戦術的な選手交替は認められていませんでした。現在でも、一度交替した選手が再びグラウンドに入ることは、原則として（負傷者の補充以外には）認められません。また、野球やアメフトのような攻守交替はなく、ボールの所有権が入れ替わってもゲームはそのまま続行します。

アタック（攻撃）からディフェンス（防御）へ、ディフェンスからアタックへ、攻守や流れが一瞬で入れ替わります。そのため、選手はそこに対応しなければなりません。よって、スペシャリストでありながら、必要なときは自分の専門外の技術もこなすゼネラリストの能力も求められます。専門分野は大事ですが、他の部署の人が足りなくなったときにはそこを助ける能力も必要になる。ラグビーが社会的なスポーツだと呼ばれる所以《ゆえん》です。

ということで、いったん整理しますと、ラグビーのゲーム構造の根底にある思想は下記の通りです。

・簡単に点が入らないようにしよう
・だけど、選手も、ファンも、楽しめるようにしようその両方をバランス良く両立させることを目指して、ラグビーはルール面でも、戦術面でも発展してきました。簡単に言えば、大前提である「点が入りにくいこと」そのものをさらに楽しむことができるように、ラグビーは発展してきたのです。その過程で「スペシャリスト化もゼネラリスト化も進み、**多様な個性や能力が必要となる高度な競技**に進化してきた」というのが、現在のラグビーの姿なのです。

3 ボールを持っている方が有利とは限らない

▼女子セブンズの指導で発見した事実

そんなラグビーというスポーツを考える上で、僕にとって大きかったのは追手門学院大学女子ラグビー部を指導した経験でした。女子ラグビーは、２００９年に、２０１６年リオ五輪から男女の７人制ラグビーが正式種目に採用されると決まって以来、多くのチームが力を入れ始めました。追手門学院女子ラグビー部もそのひとつで、僕はその監督に指名されたのでした。

それまでのラグビー経験から、僕は、パスの技術が高ければディフェンス（ＤＦ）を崩すことができると認識していました。相手ＤＦが警戒していないところに速く長く正確なパスを投げ、そこに味方の選手が走り込んで相手ＤＦのマークを外す。ラグビー用語で言う「ＤＦを切る」ことが有効かつ、効率的な手段だと考えていました。現に早稲田大学でも基本的にはそれでＤＦを突破していましたし、追手門学院でもその技術を指導していきました。

しかし、女子ラグビーの世界では、パスの技術を向上させるだけでＤＦを崩すことはできませんでした。ラグビーでは男子も女子も同じ大きさ、重さのボールを使います。多くの女子選手は男子選手よりも筋肉量が少なく、その分パワーも少ない。同じ重さのボールを、男子選手ほど簡単に速く、長くパスできるわけではないのです。

そのため空いているスペースにパスをしたとしても、パススピードが遅いため、パスがディフェンダーに追いつかれてしまうのです。そうなると、一度の攻撃で相手ＤＦ網を突破するのは難しくなります。男子の7人制では長いパスを使ってディフェンスを広げ、ボールを受ける選手が自由にプレーできるスペースや時間を作り、加速やステップ、ハンドオフなどで勝負して、相手ＤＦを抜くことを目指しますが、それは簡単にはできませんでした。つまり、男子セブンズと女子セブンズの性質は異なり、女子セブンズにおいてはDFの方が有利であるということです。

そういう状況で、どうしたら勝ちに近づけるか。それを考え続けるうちに、僕の中では、目指すべき戦い方が徐々に明確になってきました。それは以下の2点です。

・ボールを持ち続けることは不利な状況になる（ピンチを招く）
・大切なのは、ボールをいつ、どう手放すか

ラグビーはルール上、ボールを前にパスすることはできません。パスとはボールを後ろに下げる行為です（平行はOKです）。つまり、ボールを持っていない選手は、ボールを持った味方選手の後ろに下がらないとプレーに参加できない。つまり、攻撃に加わるためには、必ず移動距離が発生することになります。よって一定時間攻撃が続くということは、ボールを保持している攻撃側には、ボールを保持していない守備側よりも物理的な仕事量（運動量）、負荷が増えることを意味するのです。

ラグビーのテレビ中継や新聞・ネットなどの記事ではよく、試合のスタッツ（統計データ）が紹介されます。その試合の内容を示す数値として代表的なものに、「ポゼッション（ボール支配率）」と「テリトリー（地域支配率）」があります。これはサッカーでも使われる数値です。

サッカーでもラグビーでも、基本的に、得点をあげるのはボールを保持している側であることが多いです（もちろん例外もあって、サッカーで言うオウンゴールのように、ボールを持っている相手をゴールライン前に追いつめてパスミスやハンドリングミスを誘い、ほとんどポゼッションなしで得点するケースもあります）。

しかし、地域支配（テリトリー）なしに、ポゼッションだけで得点することはありません。自陣でどれだけボールを保持していても、そのボールを相手ゴールラインに運ばなければ得点できません。これはペナルティゴールやドロップゴールでも同じです。相手陣のゴールポストにボールを蹴り込まなければ得点はできません。言い換えると、キックが届く距離までいかなければ得点機会は得られないのです。つまり得点が入りにくい構造を持つラグビーでは、得点の権利を得るためのボールポゼッションの如何《いかん》に関わらず、どこでプレーしているかという「地域」がとても重要なのです。

▼ボール保持はチャンスにならない？

当たり前のことを書いているように思えますが、セブンズ（7人制）の常識は違って

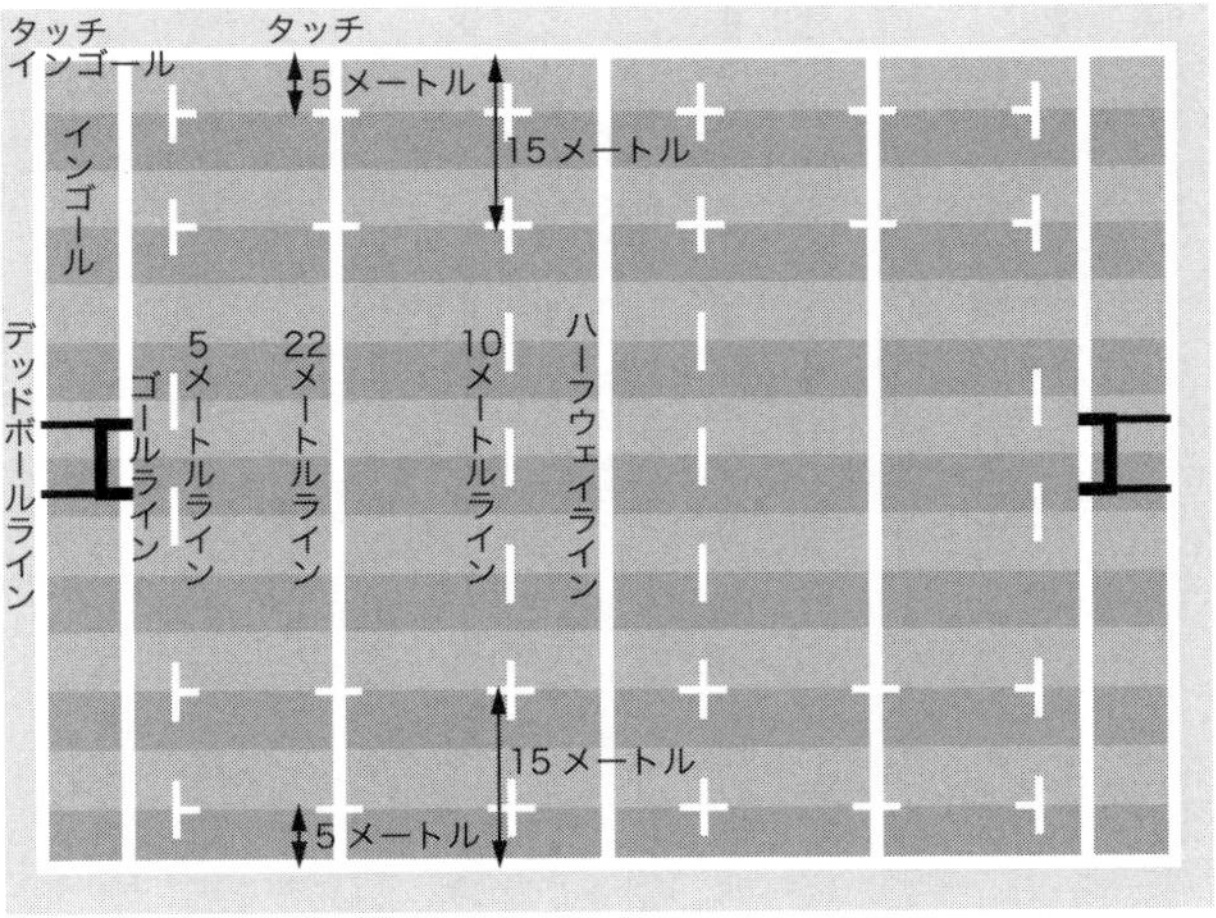

ラグビーのグラウンド

いました。７人制では、たとえ自陣深くであっても、ボールを保持し続けるほうが得点機会は作れるというのが常識でした。15人制よりも半分以下の人数で同じ広さのグラウンドを守るのですから、攻撃スペースの幅は2倍、前後のスペースを含めれば4倍ある。一発のステップ、ロングパスでＤＦを突破すれば、あとはスプリントで（走って）トライを取りきれる可能性は高くなります。ＤＦの隙間が狭くてカバーディフェンスも多い15人制よりも、成功率ははるかに高い。だから７人制では15人制以上に「ポゼッション優先思想」が根強かったのです。

ところが女子の７人制ラグビーは、

ポゼッション優位という現実とは違っていました。攻撃スペースは広くても、そこにボールを運ぶ手段＝パスのスピードは速くありません。むしろ自陣でボールを保持し続けると、反則やターンオーバーで相手にチャンスを与えてしまう確率が上がるのです。自陣でボールを失うということは、相手に対してゴールに近いところでボールを渡すことになり、得点される可能性は高くなってしまいます。

試合を重ね、この結果を得て、僕は「男子セブンズの常識（ボールを保持していればディフェンスを崩すことができる）は女子には当てはまらない」という仮説を抱くに至り、そして「ボールをいつ、どう手放すのがよいか」をテーマに考えるようになりました。ボールを保持し、ディフェンスからのプレッシャーを受ける不利な時間を減らし、相手にボールを持たせてプレッシャーをかけることで、自分たちが有利な地域でボールを持つ状況を作り出す。それがゲームに勝つための近道だという結論です。

この視点でゲームを見ると、いろいろなことがわかってきました。

ここで僕が着目したのは「ブレイクダウン成功率」です。ラグビーでは、ボールを持って攻撃する側がタックルを受けると、多くの場合ラックと呼ばれる密集を作って、次の攻撃に移ります。このタックル後のボール争奪戦を「ブレイクダウン」といいます。ブレイクダウンで攻撃側が勝てば攻撃は継続し、ＤＦ側が勝てばボールを奪う＝ターンオーバーが生まれ（またはペナルティキック〈PK〉を獲得し）、攻守が入れ替わります。また、ラグビーでは、攻守が入れ替わったときが最も得点が生まれやすい状況となります。攻撃側は攻撃を継続することを前提に動いているため、急にディフェンスを求められても対応することが難しいからです。

では、そのブレイクダウン成功率はどうだったでしょう。僕の集計では、ブレイクダウン成功率（リサイクル成功＝攻撃継続率）は15人制では約95％、7人制では約80％となりました。これは見方を変えると、15人制では20回のブレイクダウンで一度ターンオーバーが発生するのに対して、7人制では5回のブレイクダウンで一度ターンオーバーが発生するということです。攻撃側から見ると、7人制でブレイクダウンを重ねるのは危険であり、ディフェンス側から見ると、5回ブレイクダウンを発生させることができれば、ボールを奪い返せることになります。

しかも、一度のアタックで前進できる距離は、女子は男子よりも短い。これは前述の、筋力の違いがあるにもかかわらずグラウンドの広さとボールのサイズは同じ、という条件から来ています。つまり、女子ラグビーにおいては、ディフェンス側から見るとスコアされる前に5フェイズ（局面）以上粘れる確率は非常に高く、攻撃側をあまり前進させずにボールを取り返すことができる。15人制ラグビー同様に、女子セブンズにおいてもディフェンス側が有利であることを証明できたのです（男子のセブンズにおいては1フェイズにおいて攻撃側が前進できる距離が長いため、ディフェンスが5フェイズ粘る前にスコアが生まれる確率が高くなります）。

説明を加えると、15人制におけるブレイクダウン成功率の高さも攻撃の優位性を示す数値ではありません。

15人制ではブレイクダウン成功率は高いので、攻撃が継続できる確率は高いのですが、DF側も15人が広がってスペースを埋めているので、前進できる距離は決して長くありません。結果として、トータルでトライまで到達する確率は高くないのです。

女子の7人制では、攻撃を継続してもなかなか地域を獲得できない、フェイズを重ねてボールをキープし続けても優位性が生まれにくい。

つまり、15人制ラグビーの本質的な構造を、少ない人数でシンプルに見せてくれる、考えさせてくれるのが女子セブンズだったのです。

第2章

ゲームを進める

～80分間のシナリオとは？～

1 「射程距離」を意識する

第1章をお読みいただいた方には、「ラグビーとはそもそも点が入りにくいスポーツだ」ということを理解していただけたと思います。構造的にそうなっているのです。と言うと、「そんなことないだろ、ビッグスコアのことをラグビースコアっていうじゃないか」なんて声が聞こえてきそうです。確かにサッカーや野球の試合で、両チームとも10点を超えることは滅多にありません。ただ、そこには理由があります。ひとつはきわめて単純なもの。ラグビーではトライが5点、そのあとのコンバージョンキックがきまれば2点入り、一度に最大7点入るので、スコアは大きくなってしまいがちです（一度に1点しか入らないサッカーとは点の増え方がどうしたって違ってきます）。

もうひとつ、僕が本書で触れるのは、実力の拮抗《きっこう》した同レベルの相手との厳しい試合であり、大量点が入るような試合は想定していないことです。ギリギリの試合で勝負を分けるのは何か？　という視点で考えていることをご理解いただければ幸いです。

▼トライをとれる距離には限界がある

ゲームを組み立てるプランにおいて重要なのは、得点をあげることです。ラグビーは、得点で相手を上回った者が勝者となります。

では、どうやって点を取るか？ それを考えるにあたり、僕が意識したのは「射程距離」という概念です。

たとえば、１００ｍを攻撃し続けてトライを取りきる能力があれば、自陣インゴールから攻撃しても問題ありません。ただしそれは、実力の拮抗した対戦では考えにくい。トップレベルの試合でも長距離の独走トライ、多くのフェイズを重ねて長時間攻め続けて生まれるトライもありますが、それは例外的なもの。両チームが疲れた時間帯にフレッシュレッグス（新しい交替選手）として投入された選手が活躍するとか、相手のミスによるとか、特段の理由があって生じるものだと理解してください（そういうスーパープレーにはまたその理由があるので、それを探ることもラグビー観戦の愉《たの》しみのひとつです）。

実力が拮抗した試合では、特に試合が始まって間もない、両チームの選手が元気な時間帯には、そんなスーパープレーはなかなか生まれません。自分たちのチームは何ｍなら攻めきれるのか、相手チームとの力関係も含め、そこを認識した上で、試合を組み立てることが必要になります。

たとえば、トライを取るまでの射程距離が70ｍのチームであれば、自陣で相手キックオフを捕ったところからアタックを始めてもトライを取れると見込んで攻めることができるでしょう。しかし、射程距離が30ｍしかないチームであれば、自陣を抜け出せない間に不必要にフェイズを重ねるうちに攻撃の精度が下がり、ボールを奪われてしまうでしょう。あるいは、状況が悪くなってから苦し紛れのキックを蹴《け》り、不利な状況でディフェンスに回ることになる。射程距離が30ｍのチームは、どうやって相手ゴールラインまで30ｍの位置に入るかが大事になります。

▼射程距離に入るために

射程距離という概念は、いわゆるスタッツのような明確な数字ではありません。ボールをキープし続ける能力や、ラン能力、オフロードパス（タックルされて倒れながらのパス）を繋《つな》ぐ／捕る能力が高い選手が複数揃っていれば、必然的に長くなる。反対に、スクラムトライやラインアウトモールしかトライを取る手段がなければ、相手ゴール前5ｍのスクラムか、ラインアウトなら長くてもゴール前10ｍ以内まで進んでおかないとトライを狙えません。

ではどうやって、射程距離に入るか。

一般論として、ラグビーはキックオフで試合が始まります。キックオフは、相手陣の10mラインよりも後方まで蹴らなければなりません。レシーブスタートであれば、相手ゴールまで少なくとも60m、相手のキックオフが深ければ、ほぼ100mを切り返さないと得点できません。

よって、まずその位置からどのように自分たちの射程圏内までボールを運ぶかがテーマになります。ずっとボールを保持したまま攻め切るのがもちろん理想ですが、ラグビーは構造的にディフェンスが有利にできているので、なかなかそうはいきません。

もちろん「ボールを持つ時間、攻める時間を長くすることで相手にプレッシャーをかける」という考え方もあります。実際、能動的に動く権利、得点する権利はボールを持った側にあります。しかし、ラグビーにおけるアタックとディフェンスの関係性を考えると、ずっとボールを保持し続けることが有利にならないことは、第1章で説明した通りです。

▼アタック側のほうが消耗する

もうひとつ大事なのは「消耗」というファクター（要因）です。体力が無限にあれば、自陣からずっと攻め続けてトライを奪うのも可能かもしれません。しかし体力には自《おの》ずと限界があります。そして、ラグビーは構造的に、ある一定時間プレーが継続すれば攻撃側の運動量が多くなるので、攻撃し続ける方が守り続けるよりも消耗するのです。つまり、射程圏外で攻撃することは、得点に届かず、ターンオーバーされて失点する危険性だけでなく、試合を戦い続ける体力を失ってしまうリスクもはらんでいるのです。

まとめると、射程圏外でボールを保持することは多くのリスクを抱えることになります。そのため、そのリスクを低減するために、射程圏外ではキックを活用することが有効になるのです。

▼なぜキックでボールを相手に渡すのか？

ラグビーの試合を見ていて、「蹴り合う」シーンに疑問を持ったことのある方は多いのではないでしょうか。

キックでボールを相手に渡すのは、ラグビーというスポーツのユニークなところだと思います。ゴール型のスポーツで、意図的に相手にボール支配権を与えるものは他にはありません。バスケットボールやホッケーではずっとボールを支配したままシュートを狙う。サッカーもそうです。ロングボールを蹴ることはあるけれど、それも多くはコンテストキック（敵と味方がボールを獲得するために競り合う状況になるキック）です。でもラグビーの場合は、自陣深くからの脱出のため、地域を獲得するため、頻繁に相手にボールを渡すキックが使われます。

では、キックをどう使えば、言い換えるとボールをどう手放せばよいでしょうか。大事なのは、ボールを手放す目的は「自分たちが有利な位置で（できれば射程圏内まで進んだ場所で）ボールを再獲得すること」だということです。そのためには、自分たちが有利な形でディフェンスできる状況を作りたい。たとえば、蹴ったボールをそのまま再獲得できればチャンスになると考えがちですが、そこで孤立してボールを奪い返されたら逆にピンチになってしまう。それよりも、こちらのディフェンスを整備した状況で相手にボールを持たせて、ディフェンスで追い込んでボールを奪った方が、そこから有利な展開になります。

たとえば、相手のディフェンスが前に上がり気味で、後ろのキックをケアしていないようだったら、後ろに蹴るのがセオリーです。具体的に言うと、相手（フルバック〈FB〉）を背走させ、さらに、バウンドさせた上で相手に処理させることが理想です。

バウンドさせることができれば、ラグビーボールは楕円《だえん》形ですから不規則にボールの軌道が変わることもあり、捕球まで時間がかかったり、また拾い上げるときにミスが生まれたりすることもあります。その可能性があるため、蹴られた側のフルバック以外の選手は、味方のフルバックが蹴り返すまで自陣に向かって戻り続けなければならず消耗するのです。相手キックをノーバウンドで捕球するフルバックが味方から厚い信頼を得る理由はそんなところにもあるのです。

▼キックの位置

では、キックしたボールをどの位置で相手フルバック（あるいはフルバック役として後ろに下がっている選手）に捕らせるのが望ましいでしょうか。一般的なセオリーは、左右のタッチラインに近い位置です。中央で捕らせると、相手フルバックには左右両方へカウンターアタックをする、または蹴り返すオプションが生まれます。キックを蹴った側もその両面に備えなければならない。しかし左右のタッチライン近くで持たせれば、カウンターアタックの方向は限定されます。タッチキック（ボールがタッチラインの外に出るキック）を蹴ろうにも、タッチラインに近ければ近いほど角度がなく距離は稼ぎにくい。その結果、無理なカウンターアタックを仕掛けようとする可能性も上がるでしょう。欲をいえば、相手がタッチラインに向かって走りながら捕球しなければならない状況を作れば、蹴り返すにもカウンターに出るにも体勢を立て直すのに時間がかかり、有効なキックはさらに蹴りにくくなります。

僕はいつも、キックの蹴り合いを、テニスや卓球の「ラリー」に喩《たと》えます。最終目的はスマッシュを決めてスコアすることだとしても、すべてのショットでスコアを決めにいくわけではありません。まず相手の体勢を崩すことで、次にこちらがスマッシュを打てる状況を作るのが狙いです。そのために左右前後に揺さぶったり、遅い球や速い球、高い球や低い球を使い分けたりします。トップスピン（前向き回転）や逆にバックスピンをかけたり、回転をかけない変化球を打ったりもします。これはラグビーでも行われています。サッカーでもよく言われることですが、無回転系のキックは風の影響を受けてボールの軌道が変わりやすく、捕球するのが難しくなります。ラグビーボールは大きく、飛ぶ距離も長く、屋外で行われるので風の影響も大きくなります。お互いにキックを蹴り合う展開になると、ちょっと退屈に感じてしまう方もいるかもしれませんが、トップチームの蹴り合いは、相手のキックに備えるキャッチャーは何枚揃っているか、その立ち位置はどこなのか、などの要素を瞬時に判断して守り合っていて、ものすごく見《み》応《ごた》えがあります。

▼良いキックとなる条件

蹴ったあと、キックを追って走るチェイサーも大切です。キックが蹴られたあと、キッカー自身またはその後方にいた選手が前へ走らないと、キッカーより前にいる味方の選手がオフサイドのままで、相手のカウンターアタックへのプレッシャーがかけられなくなってしまうからです。いいキックとはいいチェイス（追いかけるディフェンス）がセットになることで成立します。

また、右足、左足のキッカーが揃っているかも見どころです。一般的に、右サイドでは右足のキックが、左サイドでは左足のキックが有効です。理由としては、プレッシャーをかけてくる相手から遠いところで蹴ることができるからチャージされにくいこと、身体の向きを入れ替える必要がないことが挙げられます。キッカーが右利きか左利きかは、プレースキックをどちらで蹴るかでわかりますが、優れたキッカーはどちらの足でも正確なキックを蹴ることができます。イングランド代表を北半球勢初のワールドカップ優勝に導いたジョニー・ウィルキンソン選手は左利きですが、2003年ワールドカップ決勝の延長後半、優勝を決めたドロップゴールは右足で蹴ったものでした。2019年ワールドカップ日本代表の田村優《たむらゆう》選手（横浜《よこはま》キヤノンイーグルス）や松田力也《まつだりきや》選手（埼玉パナソニックワイルドナイツ）は右利きですが左足でも正確なキックを蹴ります。

左利きの選手が重宝がられるのは、人は一般的に右利きが多く、多くの選手が右利き同士のプレーに慣れているから、左利きの選手が入るとそれだけで相手は慣れない状況になるからです。これは多くのスポーツで言われることです。左足キッカーがいることは、相手FBのキック対応に左右のオプションを与え、大きなプレッシャーをかけることができます。代表的な存在は左足のロングキックが武器の山中亮平《やまなかりょうへい》選手（コベルコ神戸スティーラーズ）でしょう。

▼アンストラクチャー（崩れた状況）

キックを蹴るときのもうひとつの狙いとして挙げられるのが「アンストラクチャーな状況を作る」ことです。

この言葉は２０１６年、日本代表にジェイミー・ジョセフヘッドコーチ（ＨＣ）が就任してから多用されるようになりました。前任のエディー・ジョーンズＨＣはボールをキープして攻めることを基本戦略としていましたが、ジェイミーは就任早々「キッキングラグビー」を打ち出しました。これは、２０１５年ワールドカップでの躍進を支えたエディーのラグビーとは正反対の印象を与え、ファンの間にも、メディアの間にも論争を巻き起こしました。そのころ、自分の戦術を説明するためにジェイミーが使ったのが「アンストラクチャー」という言葉でした。

「アンストラクチャー」とは「ストラクチャー」の反対語です。ストラクチャーとは直訳すれば「構造」。ラグビーでいえば「整理された状況」を意味します。その反対の「アンストラクチャー」は、つまり「崩れた状況」となります。

セットプレーの時、選手が事前に意図したとおりにポジショニングできる。これは「ストラクチャー」です。スクラムやラインアウトなどのセットプレーでは、誰が誰にパスをして、誰が相手のタックルを受けてラックを作って、誰がラックをクリーンアウト（相手を押しのけること）して、次に誰が走るか、あるいは蹴るか……という動きを事前に決めておくことが可能です。また、攻撃が続いても、意図した通りの動きでフェイズを重ねていく限り、「ストラクチャー」な状況は続きます。

では「アンストラクチャー」とはどういう状況でしょうか。それは、意図しない形でボールを持った状況です。予定していたのとは違う形でボールを持った、それは持たされたと言ってもいいでしょう。予定していた状況ではないので、キックを蹴ることができる選手、ラン能力の高い選手が、都合良くいいところにいるとは限りません。いわば、混乱した状況です。そんな状況になれば、エラーが起きる可能性が高まります。はっきりとしたエラーではなくても、あまり効果的ではないキックや、中途半端なカウンターアタックになれば、それはディフェンス側のチャンスになり、再獲得のチャンスが生まれます。そんなカオス（混沌《こんとん》）を作り出すことがジェイミーの狙いだったわけです。実際、ジェイミーは「アンストラクチャーな状況を作るとは、相手をアンストラクチャーにさせることであって、自分たちはストラクチャーを保つのです」と話しています。

それがジェイミーの「戦略」でした。考えてみれば「戦略」とは奥深い言葉です。孫《そん》子《し》の言葉に「百戦百勝は善の善なる者に非《あら》ず」（戦わずして勝つのが最善である）というものがあります。戦わずして勝てば、自軍の戦力を失うこともない。戦いを略してしまえるならそれが最も望ましい――それが「戦略」という言葉の意味です。

これをラグビーに当てはめると、「戦い」とは地上戦のコンタクト、ブレイクダウンです。身体を直接ぶつけあう、肉体的に消耗し、体力を削りあう状況です。相手を痛めつけるには、自分たちも体力を削られます。

エディーのラグビーは、ボールをキープするポゼッションを基本としていました。ポゼッション重視のラグビーではコンタクトがどうしても多くなります。ボールを保持していれば相手のタックルを浴びるのは避けられません。それでもエディーは、コンタクトシチュエーションを意図した形で作り、連続支配することを目指しました。当時の日本代表には、一度手放したボールを再獲得するだけのディフェンス力、フィジカル能力が足りないと、エディーは考えていたのです。

しかしジェイミーは、そこから戦略的な進化を遂げるためには、コンタクトによる体力消耗を避け、より効率的に戦おうと考えたわけです。まさしく「戦略」です。これは、先ほど触れた「射程距離」に進むまでは（自分たちからは）戦わないという意味でもあります。

このとき、相手が積極的に攻めてくるチームであれば、思惑通りとなります。キックを蹴り込んで、相手のカウンターアタックをディフェンスで止めて、スコア可能な射程圏内でボールを奪って攻撃する。それがスコアまでのシンプルなシナリオです。

では、次にスコアの重ね方について考えていきましょう。

▼「得点回数」と「連続得点」

ここでもう一度、ラグビーのルールに基づくゲームの基本構造の確認に戻ってみます。

ラグビーでは得点された側が次のキックオフを蹴り込む権利を得ますので、試合はキックオフを相手陣に蹴り込むことで再開されます。相手がタッチに蹴り出せばマイボールのラインアウトからアタックを始められ、ノータッチキックを蹴ってくればカウンターアタックの機会を得ることができ、蹴らずに自陣からアタックしてくれば敵陣でのディフェンスでゲームを始めることができます。どのような状況になったとしても「ラグビーではディフェンス側が有利」という原則でいえば、キックオフを蹴り込んだ側が有利になります。順当なら（両者の力量が同等であれば）キックオフで敵陣に入った側が得点する確率も高くなります。

ラグビーで一度に入る得点にはトライの5点、トライ＋コンバージョンの7点、そしてペナルティゴール（PG）またはドロップゴール（DG）の3点があります。

当然、トライを取って、コンバージョンも決めて、7点を取っていくのが理想です。どこのチームもそのために練習しています。ただし、第1章でお話ししたように、ラグビーは点が入りにくいように作られているスポーツです。得点をあげるには「射程距離」があり、そこまで前進するのも簡単ではありません。また、ディフェンスはゴール前になるほど堅くなり（後ろのスペースを守る必要が少なくなるからです）、トライを取るのは簡単ではないのです。

それは、試合が始まって間もない時間帯であればなおさらです。無理にトライを取りに行くと、ハンドリングエラーでボールを失ったり、ペナルティで陣地を戻されてしまうこともあります。仮にトライを取ったとしても、そこで体力を使いすぎたり、足を使いすぎたりすると、試合の後半に影響してきます。

これはトレードオフの考え方で説明できます。7点という大きな利益を得るには多くのエネルギーが必要になります。これが勝利に十分なものであれば、全力で取りに行くのもいいでしょう。しかし、ゲームの勝敗は先に7点を取っても決まりません。勝負を決するのは80分が終了したときの点数です。

では、どのように点数を重ねていけば勝利に近づけるでしょうか。

僕が注目しているのは「得点回数」という視点です。もちろん、より多くの点数を重ねていったほうが勝利に近づくのは当然なのですが、簡単にはトライを取れません。トライを取れないとミスが出たり、自陣に戻されて失点するリスクも生じます。それであれば、3点を取るチャンスがあるなら確実に点を重ねる方が賢いということになります。

得点すれば、次は相手キックオフで自陣に戻され、失点の可能性が高くなります。しかし、両者が交互に得点している間は大差はつきません。実力の接近した厳しい試合においては、自陣から無謀なアタックは仕掛けないのがセオリーです。そこは自分たちの射程圏内ではないからです。自陣からはまず脱出することを心がけますが、相手も強ければ、それだって容易ではありません。結果として、（3点か5点か7点かはともかく）失点して、次のキックオフで敵陣に入り、次の得点機を狙う——という順番で、つまり交互に得点して試合は進みます。

僕らが（選手やコーチも観戦者も）「差がついたなあ」と感じるのは、得点した側が、キックオフのレシーブから再び攻め込んで得点する＝連続得点をあげたときです。

これは、「射程圏」が試合の中でも変動するためです。相手DFが疲れたり、交替で入った選手との連携が乱れたりすると、アタック側のチャンスは広がります。それらの状態をみて、キックオフをレシーブする側がトライを取りに行く場面＝連続得点を取りに行く場面が、試合では見られます。それは、そこまでは交互に得点して（つまりラリーです）イーブンで進んでいた試合から、（攻める側が）一気に引き離す決意を固めたことを意味しています。マラソンでいえば「スパートをかける」、自転車レースなら「アタックをかける」という行為ですね。本気でこれを仕掛けるチームからは、足を使ってでも、体力を使ってでも、試合展開をグイと引き寄せよう、勝ちを決めに行こうという意志が伝わってきます。テニスに喩えれば、相手キックオフから得点をあげることは相手のサービスゲームをブレイクすること。交互にあげていた得点から、本質的な差がつくのはここからです。

▼リーグワン　ワイルドナイツの巧さ

試合巧者と言われるワイルドナイツの戦いを見ていると、そのパターンを感じます。

ワイルドナイツは前半リードされることが多いですが、リードされても焦りません。相手に7点を先行されても、次に敵陣に入ったときには欲張らずにPGの3点を取って自陣に戻る。次に7点を取られたら3－14と大きな差がついてしまう、ここはなるべく追いついておきたい、と考えそうなものですが、そうはしません。

NTTジャパンラグビー　リーグワン2022－23　プレーオフトーナメント準決勝の横浜キヤノンイーグルス戦はその典型でした。

立ち上がりにイエローカードが出たこともあって、ワイルドナイツは前半、3－14までリードされますが、急いで追いつこうとはせず、そこから3PGと1DGを刻み、1DGを加えた横浜を15－17と追い上げて前半を終了。そして後半は2分に、相手のキックを受け自陣からカウンターアタックに出てウイング（WTB）マリカ・コロインベテ選手がトライ。このトライをきっかけに後半は5トライをたたみかけ、横浜を1PGの3点に封じ、最終的には51－20という大差で勝利を飾りました。

こんな芸当ができたのは、80分のゲームをどう組み立てるかというイメージが描けているからです。

たとえば前半20分の時点では、相手の7点リードに追いつくために力攻め＝体力を使うのではなく、離されない程度、3点を取ってついていけばいい。前半はリードされるかもしれないけれどそれは織り込み済み。相手には足を使わせて、何点かリードさせても体力を残しておいて、後半のチャンスが来たら、そこで一気にギアをあげて勝負をかける。もちろん、自陣からのアタックにはリスクも伴いますが、そこを突破してスコアまで持って行ければ、相手にダメージを与えることができる。これで7点をあげたなら、それは前半の7点以上に重みのある7点になります。

……というような、意図のあるゲーム運びを遂行するために必要なのは、改めて言いますが、キックの蹴り合いの能力です。

日本国内のゲームや、スーパーラグビーのようなゲームでは、ポゼッション＝ボールを保持してのアタックがゲームの中心になりがちですが、ワールドカップも含めたテストマッチレベルの試合では、ほとんどの場合はキックの蹴り合いでゲームが進み、3点ずつを取り合う展開で後半の半ばまで進むことも珍しくありません。その目的は、言いかえれば、勝負のかかるラスト20分を、いい状態で迎えるためと言っていいでしょう。

先のワイルドナイツ対イーグルスの試合では、スタンドオフ（SO）松田力也選手とFB野《の》口《ぐち》竜《りゅう》司《じ》選手がキッカーとなり、コロインベテ選手がチェイサーとして相手の捕球にプレッシャーをかけていました。野口選手も自分で蹴ったボールを自ら追ってチャンスを作っていました。複数のキッカーとチェイサーを抱えていることが、ワイルドナイツのゲームデザインを支えていたわけです。

そんなワイルドナイツですが、前半は常に3点を狙っていくわけでもありません。

象徴的だったのは、2022−23シーズンの第11節、3月11日に行われた東京サントリーサンゴリアス戦です。

それまでトップリーグのラストイヤー（2020−21年）とリーグワンのファーストイヤー（2022年）の2季連続でプレーオフ決勝を戦った黄金カードですが、ワイルドナイツは前半18分、FB野口竜司選手がシンビン（10分間の退出処分）を受けて14人になってしまいました。そして23分、ワイルドナイツは敵陣に入り、左中間15m付近でPKを得ます。通常のワイルドナイツなら、無理にトライを狙わずにショット（PG）を選択する場面ですが、SO松田力也選手はここでタッチキックを選択しました。

この場面でスコアはワイルドナイツから見て0−14。ここでPGを決めると、ワイルドナイツは3−14で次の相手キックオフをレシーブ。つまり1人少ない14人で、自陣でゲームを再開することになります。サンゴリアスが5点ないし7点を取る可能性が高い。それよりは、1人少ない不利な状態では失点リスクの少ない敵陣で時間を使う方が得策だ、ラインアウトから7点ないし5点を取れればそれにこしたことはないけれど、得点をとらずに14人の時間帯をやりすごせればそれでいい――そう計算したわけです。

そして、敵陣で時間を使ったワイルドナイツは30分に再びゴール前のPKを得ると、今度はショットを選択しました。もうシンビンから10分が経過しているので野口選手はピッチに戻ります。15人になるワイルドナイツは安心して自陣に戻ることができました。しっかり時間を確認してプレーを選択していたのです。

結局、前半はサンゴリアスが17－3とリードして折り返しましたが、ワイルドナイツは後半早々の45分にトライを返し、その直後にフロントローの3人を一斉に替えてフレッシュレッグスを投入します。しかもそこには堀江翔太選手というスーパーマンがいる。同じ時間にサンゴリアスも共同キャプテンの堀越康介《ほりこしこうすけ》選手が交替で入りましたが、3人の一斉投入と1人の投入ではやはりインパクトが違います。サンゴリアスは48分に尾崎《おざき》晟也《せいや》選手がトライをあげましたが、ワイルドナイツは53分から65分までに4連続トライで試合をひっくり返し、そのまま勝負を決めてしまいました。

得点回数は大事ですが、時間、場面、状況によっては、あえて得点機を見送るという選択もあるのです。

2 アタックの戦術

▼戦術の進化

ここまでは、ゲームの進め方について、大まかなマネジメント、ボールを持つのか、蹴るのか、アタックするのかディフェンスするのか、という戦略がどう考えられているかを考察しました。

では、実際にアタックするとき、ディフェンスするときの具体的な戦術について考えてみましょう。

まずアタックについて。ここでいうアタックは、ボールを保持して攻める＝トライを取りに行くアタックを指します。

アタックに限りませんが、ラグビーには流行の戦術、トレンドが存在します。ラグビーはルールの変更が多いスポーツなので、戦術の研究・開発はとても頻繁に行われてきました。

ラグビーの基本形は、みなさんがきっとよく見ているでしょう、15人の配置図通りです（21頁図参照）。ＦＷ８人が前列から３－４－１でスクラムを組み、その後ろにスクラムハーフ（ＳＨ）とスタンドオフ（ＳＯ）が立ち、さらに後ろにセンター（ＣＴＢ）、その両側にウイング（ＷＴＢ）、最後方にフルバック（ＦＢ）が立つ。サッカー風にいうと、最前列から３－４－１－１－１－４－１となります。

この並び方はラグビーの基本形であり、１９８０年代まで、ラグビーの多くの局面はこの形で進行しました。ＦＷはスクラムやラインアウトなどのセットプレーだけでなく、ラックやモールなどゼネラルプレーで生まれる密集にも８人全員で参加してボールを出し（その時代は相手のＦＷも律儀に集まってくれることが多かったのです）、ＦＷが出したボールをＳＨがパス、そのパスを受けたＳＯがＣＴＢにパスをする。ＳＯからパスを受けたＣＴＢは、自ら突破を図るかＷＴＢへパスを出すかを選択する。あるいはＳＯが自らランで突破を図ったり、キックを蹴るケースもありますが、共通しているのは「ＦＷが出したボールをＢＫが使う」という基本法則（常識）です。

ラグビーは、相手を抜くことでトライが生まれます。相手を抜くには、個人技もありますが、どこかの局面で数的優位、つまり「味方が余った」状態を作れば、高い確率でトライを取れます。この形を作ろうとするのが「ムーブ（サインプレー）」です。

この時代に工夫されたのは、この常識（つまりFWがボールを出し、BKがボールを展開する）に基づいて準備されたムーブでした。有名なものには、1968年の日本代表ニュージーランド遠征で、オールブラックス（ニュージーランドの国代表）予備軍の「オールブラックス・ジュニア」を23－19で破る金星の原動力となった「カンペイ」というムーブがあります。これはBKの展開攻撃のとき、FBが外側CTBの隣に走り込み、背中を通してパスを取るもの（このムーブを考案した早大の合宿が行われていた「菅平《すがだいら》」を音読みした言葉です）。このムーブは、それまで相手キックに備える守備要員だったFBを攻撃に投入したことが画期的でした。

大西鐵之祐《おおにしてつのすけ》監督が率いたこの時代は日本からたくさんのムーブや新戦術が誕生しました。日本がルール研究と戦術開発にエネルギーを注ぎ、豊富なアイデアを持っていたのです。その前提は、ラグビーではディフェンス側はアタック側に向き合う（つき合う）もの、という常識でした。

その後、ラグビーはディフェンスがリードする形で進化していきます。それは1987年に第1回ワールドカップが開かれたことがきっかけになりました。戦術の研究が進み、コーチの国際交流が進み、自国外でプレーする選手も増え、世界各地でバラバラに進化していたラグビーの理論、情報が国境を越え始めたのです。

そして1990年代に入ると「アタックにそこまでつき合わなくてもいいよね」という現実主義のディフェンスが生まれてきます。アタック側のFWはボールを出すために全員が密集に集まるけれど、ディフェンス側は、取り返せる確率の低い密集に人を割くよりも、次のディフェンスに備えて早く広がろう、という考え方が現れてきます。こうして現在に至る、横一線に広がるフラットなディフェンスが主流になってきました。

こうなると、いきなり外にボールを動かしてもなかなかトライは取れません。そこで生まれた考え方のひとつの例が、1994年のW杯予選で日本代表が採用した「縦縦横」です。これは平尾《ひらお》誠二《せいじ》さんが代表にスポットコーチとして復帰したとき、アタックの組み立て方としてFWを使うために言い始めた言葉だと聞いています。具体的には、スクラムからナンバーエイト（NO8）シオネ・ラトゥ選手（大東文化大学《だいとうぶんかだいがく》－三洋《さんよう》電機）がサイドアタックでボールを持ちだしてラックを作り、そこからもう一発、フランカー（FL）シナリ・ラトゥ選手（大東大－三洋電機）が縦に出ることで相手BKのディフェンスを巻き込み、外側の守りを薄くしておいてから外側に展開する＝横の動きでWTBがトライを取る、という形でした。

そして、1990年代後半から2000年代初頭にかけて流行したのが「シークエンス」という考え方でした。ヒットした次のフェイズ（局面）、その次のフェイズ、その次……と、誰がボールを持って相手の誰にタックルさせ、次のフェイズでは誰を誰にタックルさせる……というシナリオをあらかじめ決めておいて実行するということです。それ以前に流行したムーブ（意図した動きで相手DFを釣って空いたスペースを攻める）を、複数のフェイズにまたがって設計し、遂行するわけです。

この作戦の発信地はオーストラリアでした。のちに日本代表のヘッドコーチを務めるエディー・ジョーンズがスーパーラグビーのブランビーズで実践したものです。エディーは2001年のスーパーラグビーでブランビーズを優勝に導き、2002年からワラビーズ（オーストラリアの国代表）の監督に就任して、2003年ワールドカップで準優勝の成績を収めます。日本でも、エディーがアドバイザーを務め、土田雅人《つちだまさと》・現日本ラグビーフットボール協会会長が監督に復帰したサントリーが、この戦術を採用して黄金時代を謳歌《おうか》します。2001年には来日したウェールズ代表を日本の単独チームとして初めて破る快挙をとげ、ジャパンセブンズ、東日本社会人リーグ、全国社会人大会、日本選手権という「5冠」を全勝で達成しました。あらかじめ決めておいたところにボールを運び、その接点を完全に支配し、有利な状態で次のアタックを仕掛けることで、相手がついてこられない状態を作り出しました。

日本国内でいえば、清宮克幸監督時代の早大もシークエンスの考え方で試合を組み立てました。僕自身、その時代の早大でプレーしていたのですが、あらかじめ決めた通りにＦＷが動いてボールを出してくれるので、苦労せずにトライを取っていた記憶があります。

しかし、シークエンスも研究されます。シークエンスの思想は、あらかじめフェイズを重ねたところまでアタックを決めておくことであり、それは強みにも弱みにもなりうる。フェイズをどのように重ねてどう攻めていくか（たとえば順目《じゅんめ》↓順目↓逆目《ぎゃくめ》とか、ＦＷ↓ＦＷ↓ＢＫとか）は読まれやすいのです。この時代にはビデオ機器とコンピューター機器がハード、ソフトの両面の開発により、戦術の研究が進んだことも背景にありました。

シークエンスが研究されたことを受けて、２０１０年頃から流行したのが「シェイプ」という考え方です。

これは「次に誰がボールを持つか」をあらかじめ決めていたシークエンスとは異なり、複数の選手がパスを受けるレシーバーとして並び、アタックのオプションになるという、いわば攻撃の多チャンネル化です。パスの出し手であるＳＨあるいはＳＯが、その時点のＤＦとの位置関係を判断して、最適と思われる選手にパスを送る。ここでは、あらかじめ決めていた設計図通りに攻撃するシークエンスにはなかった現場判断が求められるわけです（もちろんシークエンスでも、スペースが空いていれば現場判断でオプションを変えることはできたのですが……）。

ここでの大きな変革は、シェイプではＦＷの選手もほぼ全員、ランナー（レシーバー）としてオプションに加えられたことです。シェイプ戦術を広めた本人であるエディー・ジョーンズは、シェイプの目的を「相手にダブルタックルさせないことだ」と話しています。つまりシェイプでは、一発でトライを取りきることはあまり考えていない。ダブルタックルさせなければボールキープできる確率は上がります。一発でトライを取り切れなくても、常に相手を迷わせることで接点を有利にし、ボールを出し続け、フェイズを重ねていれば、相手ＤＦが崩れるでしょう。いわば「我慢比べ」のアタックです。そのために、それまではボールを持つことを想定していなかった第１列の選手も含めＦＷ全員にキャリアー役を求めたのです。

この戦術は、エディーが指揮を執った２０１２年からの日本代表で実践され、２００７年、２０１１年とＷ杯では勝利なしに終わっていた日本代表が２０１５年大会で3勝をあげることにつながるわけです（無論それだけが要因ではありませんが）。

そして「シェイプ」の発展形として2010年代中頃から広がっていったのが、「ポッド」という戦術です。これは、スクラムやラインアウト終了後のフェイズアタックの考え方で、主にグラウンドを縦に4分割して、そのスペースに4つのグループ（ポッド）を（例えばSHを除く14人を3－4－4－3という人数で）配置し、選手は基本的に自分の受け持つエリアのみを担当し、自分の担当エリアにおけるコンタクトは自グループだけで完結させるという考え方です。これは、他の3つのポッドが次のアタックのオプションになることで優位性を作ると同時に、選手の左右への走行距離を減らすことで選手の消耗を抑え、同時に自分の担当エリアでの、より強度の高いプレーを可能にさせるのが狙いです。

シェイプからポッドへ進化する際に求められるようになったのが「FWのパス能力」です。シェイプの段階では、FWの選手はパスの「キャッチ」と相手DFへの「ヒット」（タックルさせて、次のフェイズへリサイクルする）で完結していた。ほとんどのフェイズは、SH、もしくはSOからのパスを受けたFWが相手DFにぶつかるという、少ないパス数でボールをリサイクルしました。しかしポッド戦術では、FWの選手もその狭いポッド内ではショートパスやリップ（手渡し）パスを使ってアタックをより有効にしよう、最大化しよう、という高度な技術を求められるようになりました。

ポッド戦術はニュージーランドで考案されたものですが、ニュージーランド出身のコーチが世界に散らばっていることもあり、この考え方は世界的に広まりました。攻守とも、セットプレーの後はグラウンド幅いっぱいを4つのエリアに分け（希《まれ》に3つあるいは5つのポッドを作る考え方もあります）、それぞれを担当するポッドがそのエリアで攻防を繰り広げています。

▼アタックの構成要素

ここまで解説してきたアタックの構成要素を整理すると、**①ポジショニング（配置）**、**②ディレクション（移動を含む方向）**、**③コネクション（連動）**、**④コンティニュー（連続）**、となります。

まず①の**ポジショニング（配置）**について。

アタックする際の選手の並び方です。セットプレーでいえば、スクラムは8人で組むので、SHを含めたBK7人がどのように並ぶか。次に仕掛けたいアタックによって、

例1)スクラム　スペースに対して均等に立つ

〈狙い〉全てのスペースを攻められるようにする

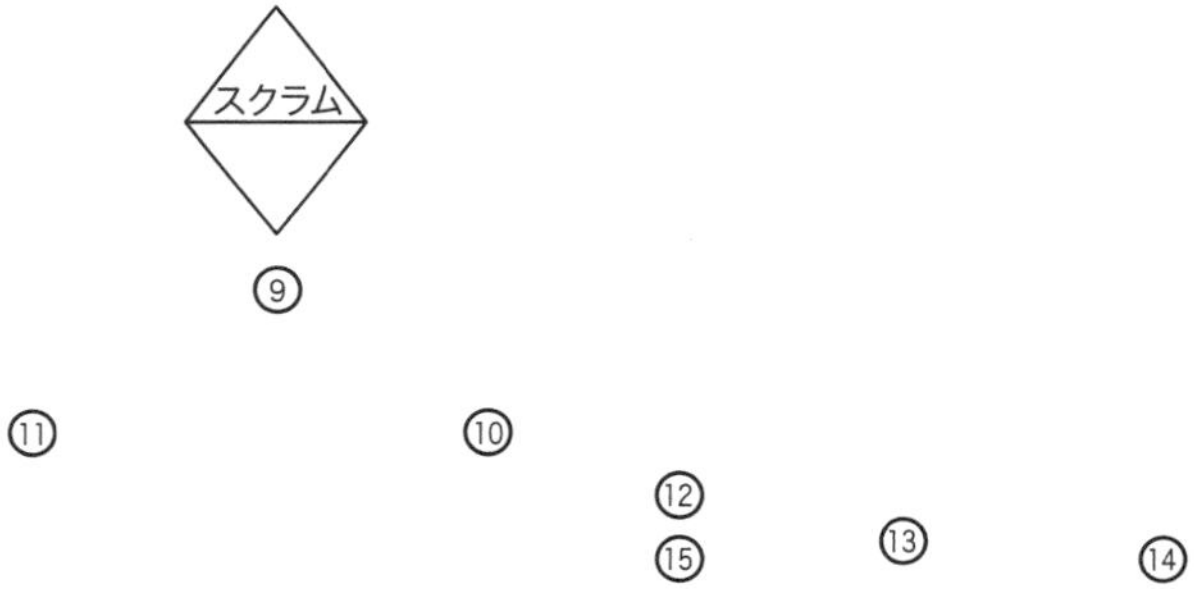

例2)スクラム　局所的に数的優位性を作る

〈狙い〉左側の狭いサイドを複数で攻める

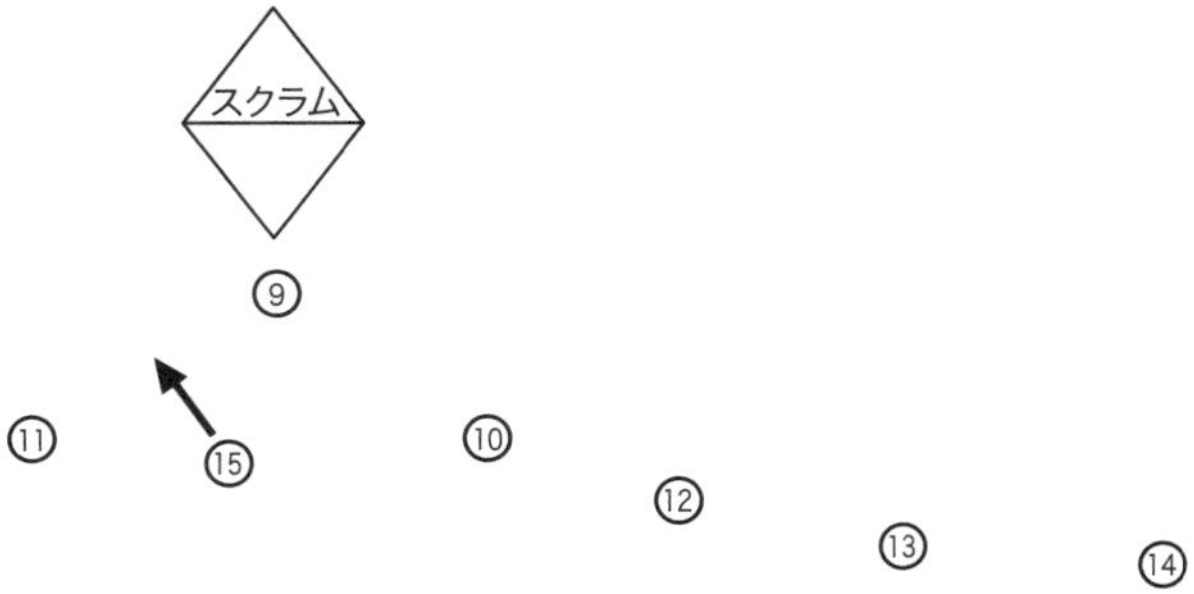

①ポジショニング（配置）の例１、２

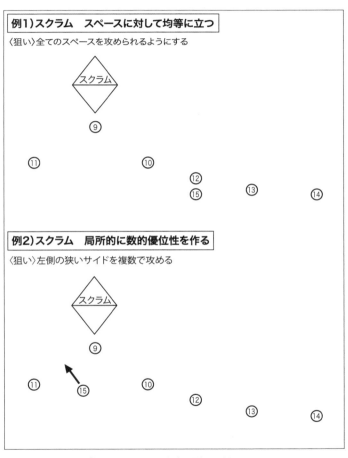

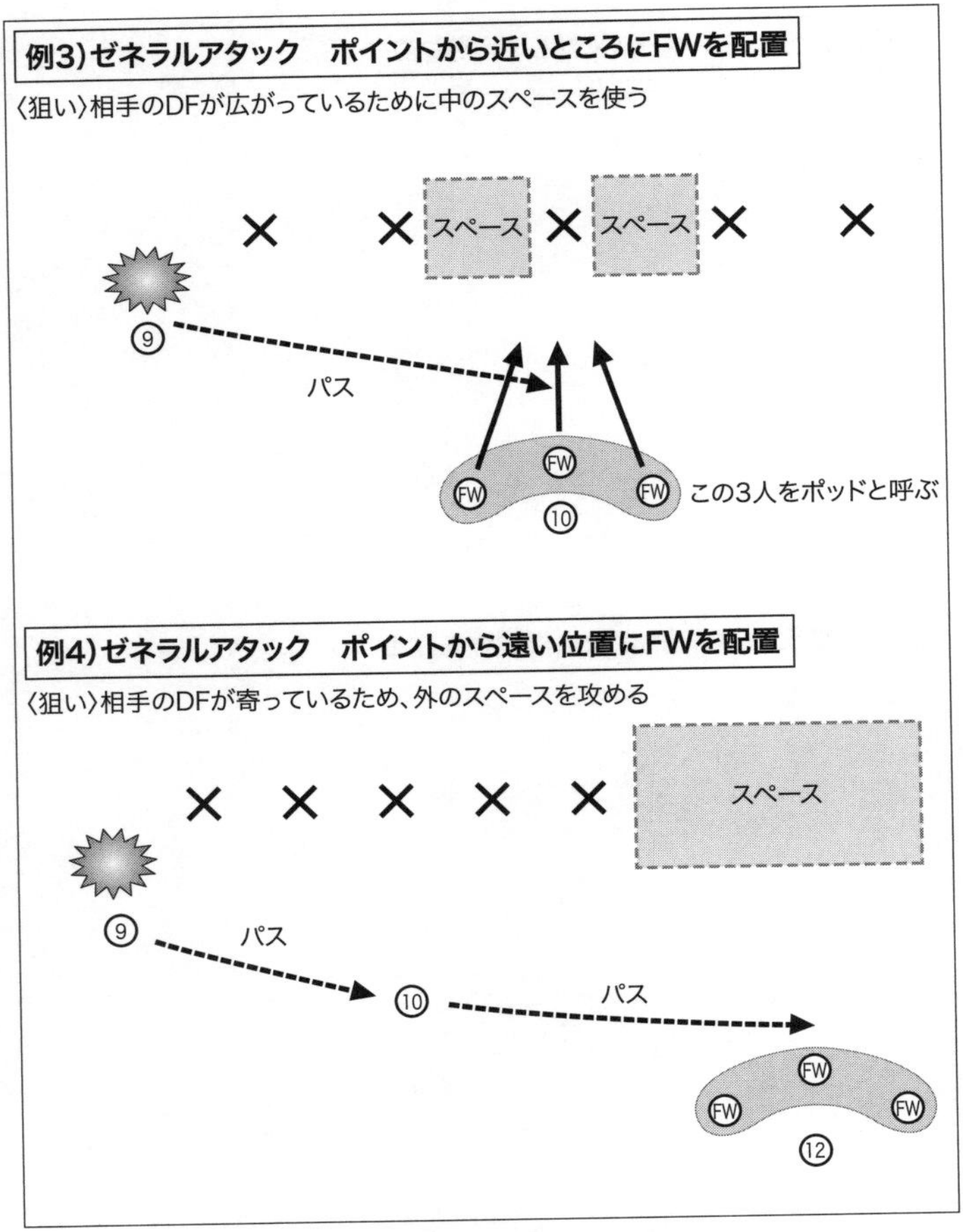
例3)ゼネラルアタック　ポイントから近いところにFWを配置
〈狙い〉相手のDFが広がっているために中のスペースを使う
スペース
スペース
⑨
パス
FW
FW
FW
この3人をポッドと呼ぶ
⑩
例4)ゼネラルアタック　ポイントから遠い位置にFWを配置
〈狙い〉相手のDFが寄っているため、外のスペースを攻める
スペース
⑨
パス
⑩
パス
FW
FW
FW
⑫

①ポジショニング（配置）の例3、4

左右の人数の配置、選手の立つ位置の間隔（距離）が決まってきます。スクラムの位置が右寄りなら左オープン（広いサイド）に多くのBK選手が並び、左寄りなら右オープンに多くの選手が並ぶのが基本形ですが、それが決まりということではありません。これらの「配置」は、各チームが自分たちの強みをどのように出していこうとするかによって変化します。狭い側に多くの選手を並べることもありえます。対するディフェンス側は相手の並び方に対応して並びますが、必ずしも相手の並び方に従う必要はありません。なぜならアタック側は、多く並んだ方を攻めるとは限らないからです。

相手がチョイスしうるオプションに、可能な限り対応できる態勢を整えるのがディフェンスの使命となります。ゼネラルアタック（セットプレー以降の連続した攻撃）についても、同様に自分達の優位性が高まる配置を設計していきます。

次に**②ディレクション（移動を含む方向）**について。

アタック側のボールキャリアーにディフェンス側がタックルすれば、ブレイクダウン（タックル成立後のボール争奪戦）が発生します。ディフェンス側から見ればジャッカルの見せ場ですが、15人制ではラックの成功率はきわめて高い。第1章に書いたように、約95％はボールを持ち込んだ側がボールを確保して次のフェイズ（局面）に移ります。

そのときに生じるテーマが、次の攻撃の方向をどう変えるか（or変えないか）、それにあわせ①の配置をどう変化させるか（orさせないか）、ということです。

ここで多用されるワードが「順目」と「逆目」です。ある地点から右へボールを動かした場合、ラックを作ってまた右（同じ方向）に攻めることを「順目」、逆の左（元の方向）に攻めることを「逆目」と呼びます。

例えば、攻撃側が左隅のラックから右へアタックする場合、順目順目と攻撃を進めていけば、相手DFもそれに合わせて移動しなければなりません。相手DFが順目側に走って行くのが遅れれば、アタック側は数的優位を作ることができます。

一方、ディフェンス側が順目に回ってくる傾向が強ければ、当然逆目を攻めることが有効です。

ディフェンスはアタックより優位性が高いものの、当然全ての攻撃を止め切る完璧《かんぺき》なディフェンスは存在しないため、チームよって大まかなディフェンスルール（原則）が決められています。そのディフェンスの傾向を分析し、最も攻撃の成功率が高まるような（相手ディフェンスのシステムが最も対応しにくい）攻撃方向（ボールの動かし方）を選択するのです。

また、近年はポッドの制約を超えて、ブレイクダウンをまたぎ逆サイドへアタック側

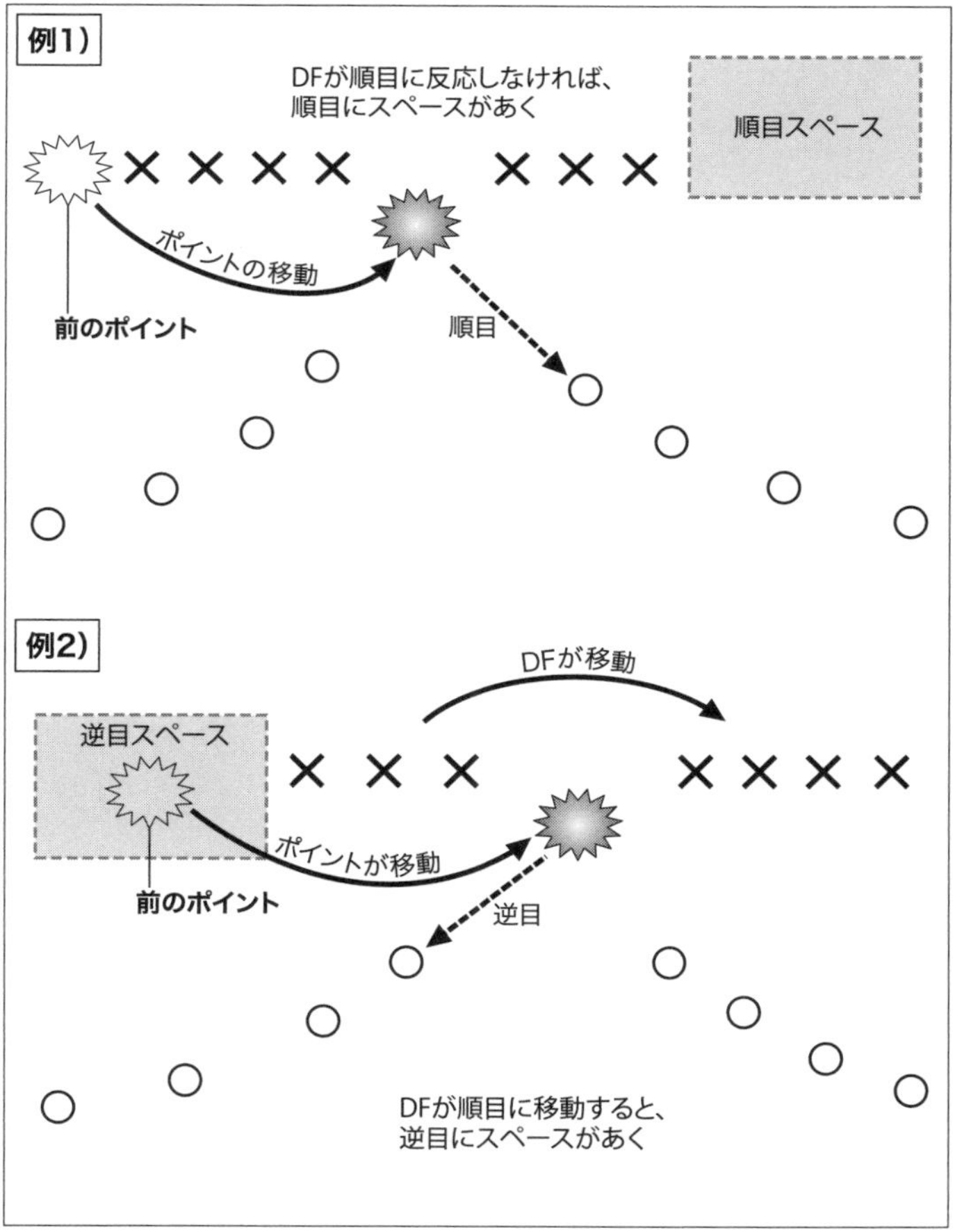

②ディレクション（移動）の例１、２

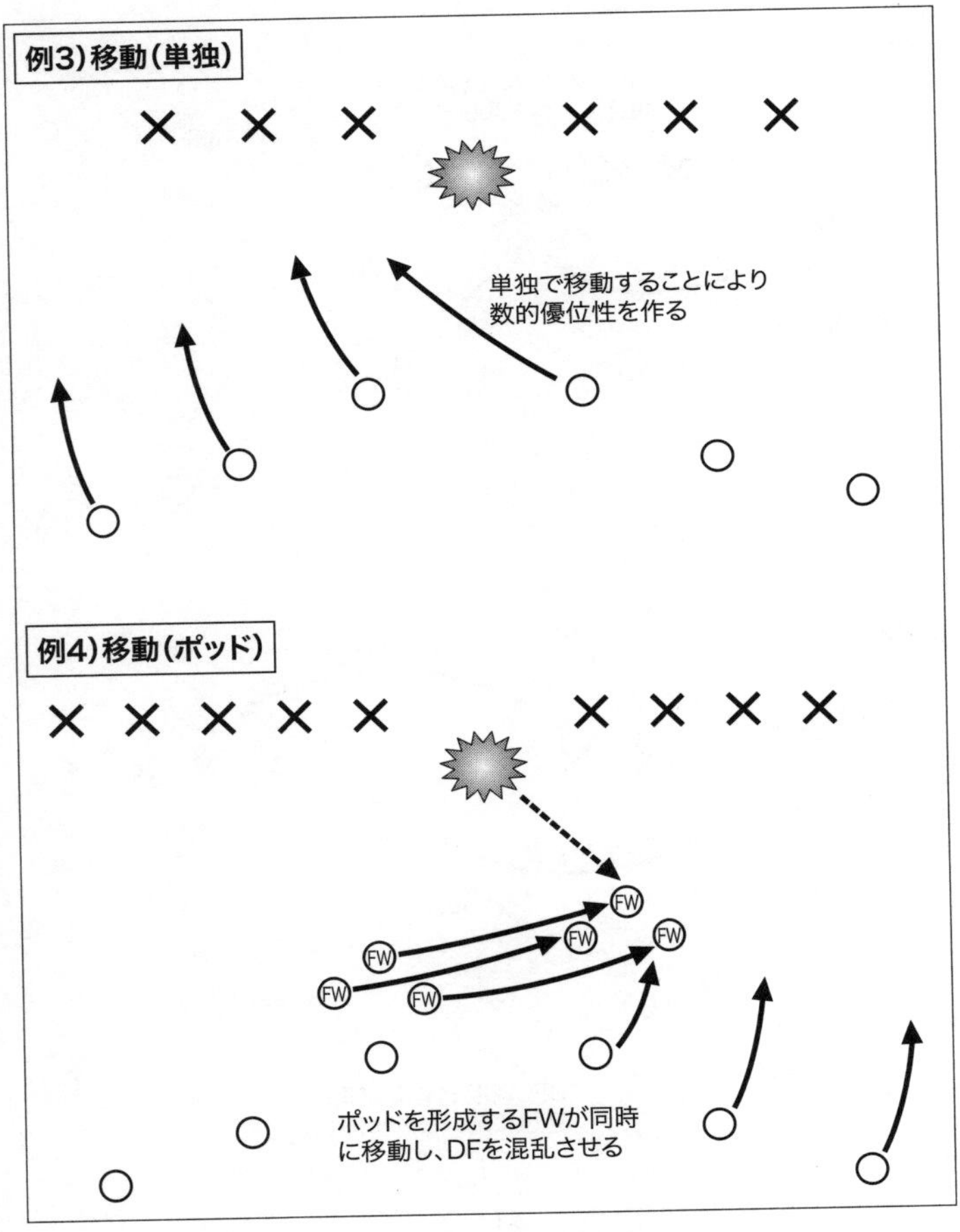
例3)移動(単独)
単独で移動することにより
数的優位性を作る
例4)移動(ポッド)
FW
FW
FW
FW
FW
FW
ポッドを形成するFWが同時
に移動し、DFを混乱させる

②ディレクション（移動）の例3、4

の選手が一斉に移動するアタックも見られるようになっています。発信地はフランスですが、国内ではワイルドナイツが２０２１−２２シーズンの早い段階から取り入れていました。

これは、非常に有効な策だと思います。ブレイクダウンをまたいで移動することは、ディフェンス側から見るとブレイクダウンの人の塊があるため死角になりやすい（ディフェンス側はそれだけを凝視しているわけにはいきません）。また、ブレイクダウンからラインに戻る選手は常に存在するので、誰がどこに戻ろうとしているかは把握しにくいのです。

また、その把握ができたとしても、ディフェンス側が攻撃側の移動に全て対応することはやはり簡単ではありません。横一線に並んでいるディフェンスでは、そのラインを保ったまま移動しようとするとどうしても渋滞が発生するのです。これは、赤信号で止まっていたクルマたちが、青信号になったからといって一斉には発進できないことと同じです。前のクルマが動いてスペースが空かないと発進できません。

このようなディフェンスの性質を理解した上で生まれたのが、この「ポッドの発展型」あるいは「ブレイクダウンをはさんだ移動攻撃」なのです。

ただ、ではそれに対してディフェンス側は無策かというと、すでに対策の開発は始まっています。その具体例は、南アフリカ代表ファフ・デクラーク選手（横浜キヤノンイーグルス）が、日本デビュー戦となったニッパツ三ツ沢《みざわ》球技場でのコベルコ神戸スティーラーズ戦で見せてくれました。デクラーク選手はピッチに入ってすぐ、自陣ゴール前のピンチで、相手がオープン展開することを読んで逆サイドへ単独で全速力で移動し、相手トライを防ぎました。信号待ちしていた車列が進むのを待っていられないとき、追い越し車線をひとりでかっ飛ばしていって、足りなくなった大外のＤＦに間に合わせたわけです。

さらに、この一つ一つの攻撃の中で重要なのが、一人一人の**③コネクション（連動）**です。

例えば、数的優位を生み出すために誰かが移動しながらボールを受け取ったとします。しかし、その移動した選手に他の選手が連動していなければ、ディフェンスからするとボールキャリアーのみをマークすればよく、ディフェンスすることは容易になります。数的優位を作れていたとしても、アタックライン全体として一人一人が連動し、ディフェンスライン全体に対してプレッシャーをかけることができなければ、ディフェンダー

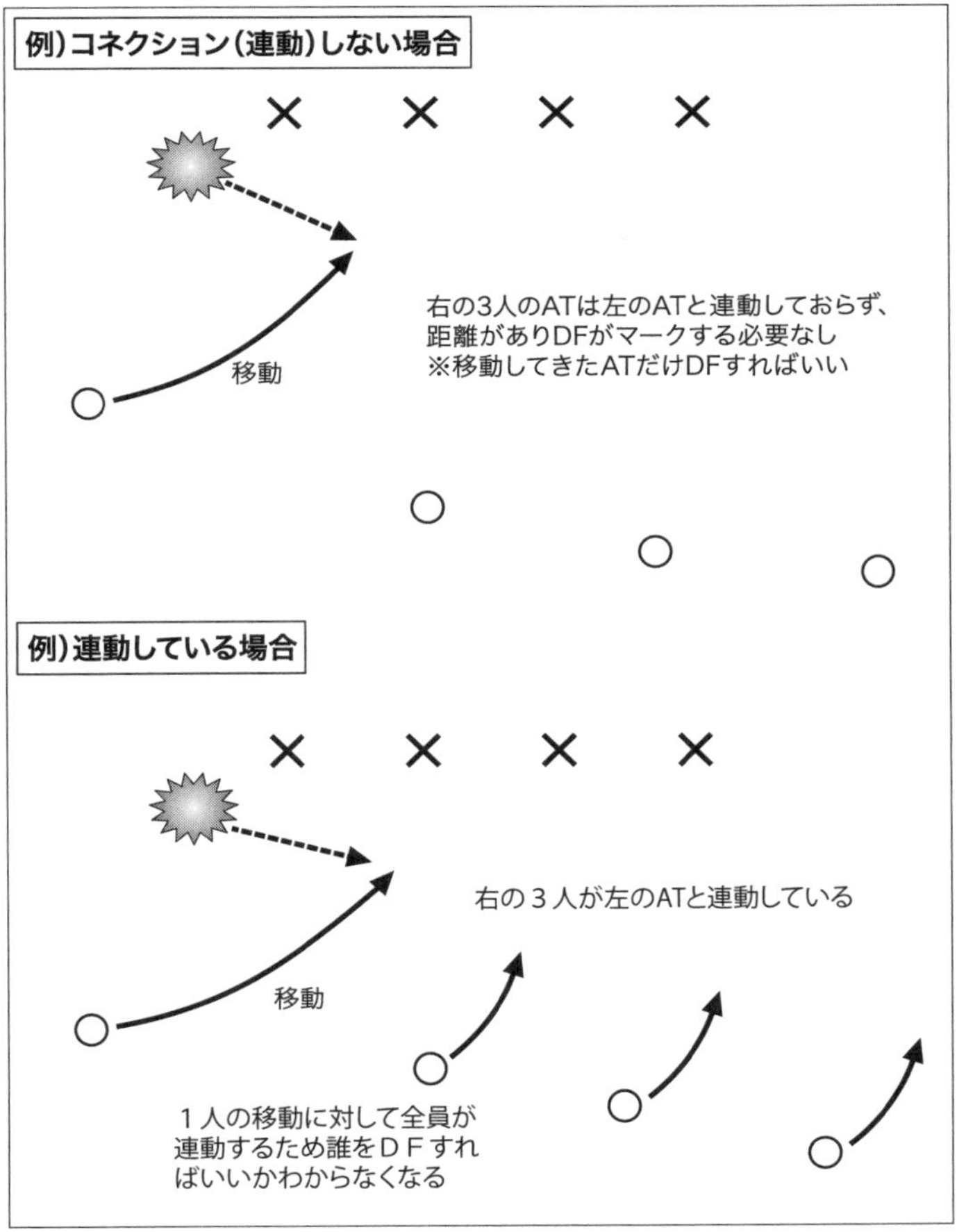
例）コネクション（連動）しない場合
右の3人のATは左のATと連動しておらず、
距離がありDFがマークする必要なし
※移動してきたATだけDFすればいい
移動
例）連動している場合
右の３人が左のATと連動している
移動
１人の移動に対して全員が
連動するため誰をＤＦすれ
ばいいかわからなくなる

③コネクション（連動）

に迷いが生まれず、精度の高いタックルを決められてしまいます。現代ラグビーにおいてはＦＷが３人組のポッドを形成し、その後ろにＢＫが備えている配置が多く、このＦＷからＢＫに正確なパスを繋ぐことができるかどうかも、攻撃においては重要なファクターとなります。

……と、ここまでアタックの基本、それに対するディフェンスへの対応法を並べてきましたが、そのどれが上手《うま》くいったとしても、一発でトライが決まる確率は高くありません。つまり、**①ポジショニング**を整え、**②ディレクション**を変化させ、**③コネクション**を維持しながら、アタックをクオリティ高く続けていくこと、正確に繰り返していくことが**④コンティニュー（連続）**になります。

▼相手のディフェンス力を最小化する

ここまで説明してきたことはすべて、自分たちの能力を最大化させるための仕掛けです。しかし、ラグビーは相手のいるスポーツです。アタックには（ディフェンスにもですが）もうひとつ、「相手のディフェンス能力を最小化させる」というミッションもあります。

アタック側についてわかりやすくいえば、「相手ディフェンスを迷わせる」「的を絞らせない」ことができれば、相手DFの接点での威力は小さくなります。

その狙いによって多用されるのが、**デコイ（＝おとり）**です。実際にはボールを持たない選手をデコイで走らせ、DFを引きつけることで、狙ったスペースのDFを「疎」にします。そこに、走る角度の変化、タイミングの変化などでバリエーションをつけ、相手のダブルタックルを防ぐことができれば、持ち込んだボールは高い確率でリサイクルすることができます。デコイが相手DFを1人、あるいは2人（相手が狙っていたダブルタックルをさせるという意味です）ひきつけることができれば、そのままビッグゲインあるいはトライまで持って行くこともできるのです。

もうひとつのキーワードが、**「ミスマッチ」**です。

これは簡単に言えば、足の遅いFW（特にフロントロー）選手に足の速いBK選手がマッチアップして、スピードやステップで抜きやすい形を作るものです。セットプレーからのアタックでフェイズを重ねる中で、どの位置にフロントローの選手が並びやすいかというパターンはあります。よって、2次または3次のアタックで、フロントローの選手が立つ確率が高いところにBKのスピードランナーを走り込ませます。フロントロ

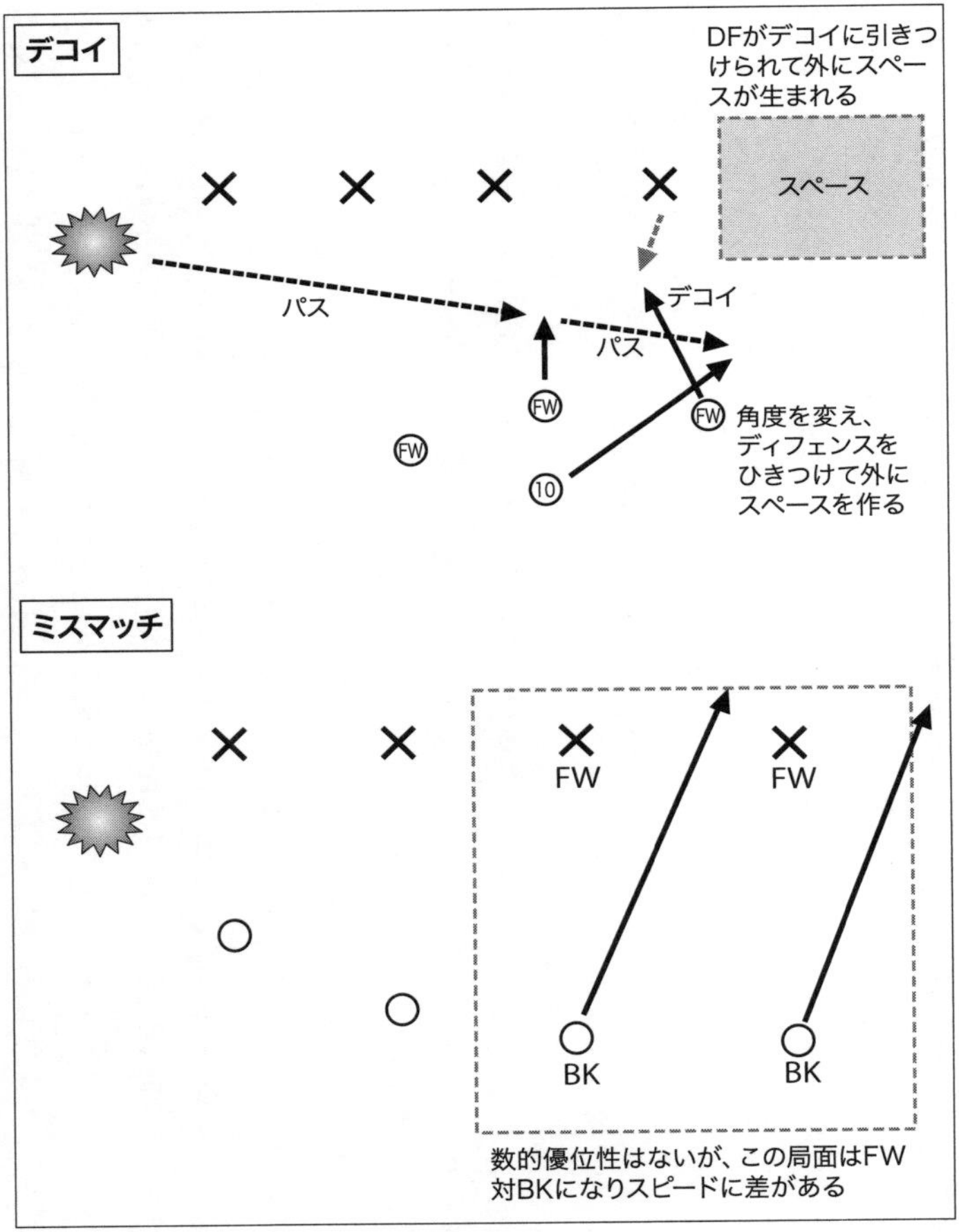
デコイ
DFがデコイに引きつけられて外にスペースが生まれる
スペース
デコイ
パス
パス
FW
FW
FW
10
角度を変え、ディフェンスをひきつけて外にスペースを作る
ミスマッチ
FW
FW
BK
BK
数的優位性はないが、この局面はFW対BKになりスピードに差がある

デコイとミスマッチ

ーの選手はスクラムを支えるのが仕事なので、フィジカルは強いけれどアジリティー（敏捷性《びんしょう》）は高くない選手が多く、横への動きは苦手なので、ＢＫ選手のステップに対応するのは難しくなります。あるいは逆に、フィジカルのあまり強くないＢＫの選手、ＳＨやＳＯの選手がいるところに、フィジカルの強いＦＷ選手、大型選手をぶつけていって、コンタクトで突破するというミスマッチ活用法もあります。

どちらにしても、誰に誰をぶつけていくかを決めることができるのはボールを持っている側、アタック側です。ラグビーは基本的にディフェンスが有利な構造だということは再三お伝えしてきましたが、これは数少ないアタックが有利な部分です。よって、アタック側はこれを有効に活用したいところです。

▼オフロードパス

そして、もうひとつの有効なオプションが、密集を作らずにボールを繋ぐ「オフロードパス」です。クラッシュしてブレイクダウンが起きると、そこは「セカンドマンレース」（密集にどちらが早く人が集まるか）や、アタック側・ディフェンス側それぞれが次の攻撃ライン／防御ラインを整備する「メークラインレース」など、次のフェイズへの準備の競争という局面になります。しかし、相手タックルを受けてもそこで密集を作らずにボールを繋げば、相手ＤＦの枚数を減らしながら攻撃を継続できるわけです。
オフロードパスという言葉が使われ出したのも２０００年以降です。その使い手の名手として知られたのは、オールブラックスで活躍したＣＴＢソニー・ビル・ウィリアムズでしょう。タックルを受けながら、相手タックルの届かない方の手で掴《つか》んだボールを自在にコントロールして、横に走り込んできた仲間に「ひょい」と渡す技は、余裕がありかつダイナミックな、見事な職人芸でした。

また、オフロードパスがみごとに決まった例としては、２０１９年ワールドカップの日本対スコットランド戦が記憶に鮮やかです。

前半18分、左サイドを突破したＷＴＢ福岡堅樹《ふくおかけんき》選手（パナソニックワイルドナイツ／19年当時、以下同）が相手タックルで倒されながら、内側をサポートした松島幸太朗《まつしまこうたろう》選手（東京サントリーサンゴリアス）にパスを通し、松島選手のトライが生まれました。

続く前半25分には、松島選手のブレイクから堀江翔太選手—ジェームス・ムーア選手（宗像《むなかた》サニックスブルース）—ウイリアム・トゥポウ選手（コカ・コーラレッドスパークス）と3連続オフロードパスが決まり、稲垣啓太《いながきけいた》選手（パナソニックワイルドナイツ）がインゴールに転がり込みました。プロップの稲垣選手にとっては33キャップ目のテストマッチで初めてのトライ。それがワールドカップの大舞台で、しかも日本初の決勝トーナメント進出を決める試合で生まれたのです。

オフロードパスで大事なポイントは、コンタクトで勝っていることです。オフロードパスは相手のタックルを受けてからパスをするので、コンタクトで勝っていないと、相手タックルで体幹がぶれてしまい、コントロールが乱れ、狙ったところへパスすることができません。ハンドリングエラーの原因になります。

大事なのは「タックルをされてからパスをする」のではなく「タックルをさせてパスを繋ぐ」ことです。相手にタックルされてやみくもにパスするのではなく、自分がオフロードパスをつなぐために、わざと、自分がオフロードパスを投げやすい形でタックルさせるようにコンタクトする。一見、現場でとっさに判断してつないだように見えがちなオフロードパスですが、これはかなり練習を積んだ上で、パサーとキャッチャーのコミュニケーションがしっかり取れた場合にだけ決まる技なのです。きちんとした裏付けのない自称オフロードパスは「50／50（フィフティ・フィフティ）パス」と呼ばれ、このパスミスが大きなピンチを生むこともあります。

ただし、オフロードパスはリスキーだからやるな、無難にラックを作れ、ということではありません。

オフロードパスにはハンドリングエラーが生じるリスクはありますが、ブレイクダウンを作ることにもミスが起こる可能性はあります。それも、ハンドリングエラーよりも重いペナルティ（倒れ込み、オフサイド、ノットリリースザボールなど）が生じるリスクもあります。それも含めて考えれば、練習を重ねて、オフロードパスを試みるだけの根拠を持ったチームであれば、オフロードパスはリスクが比較的少なく、リターンの見込めるオプションと考えることもできるでしょう。

3 ディフェンスの戦術

次に、ディフェンスについて考えてみます。

ラグビーはディフェンスが有利な構造を持つスポーツですが、アタック側の数少ない有利な点は、ボールを持って、どこを攻めるか決定できる、言い換えるとプレーの主導権を持てることです。これに対し、攻撃選択に制約をかける、攻撃の難易度を高める（難しくさせる）ことがディフェンス側の対抗措置となります。具体的には、①早いポジショニング（アタック側の選択肢を減らす）、②ディフェンスラインスピードを上げる（相手から判断する時間を奪い、アタックスピードに乗らせない）、そして、③ディフェンダー同士が連動しネットのように攻撃を包み込み、攻撃側の選択肢を奪う、というものがあります。

では、そのためにはどんな戦術が遂行されているのでしょうか。

▼SHの配置

リーグワンで多用されているのは、SHをブレイクダウンのすぐ横に立たせることです。

多くのチームで、SHは最も身体の小さい、フィジカル面では強くない（と見られがちな）選手が務めています。FWの大型選手が集まっているすぐ横を小柄な選手が担当するのは、自らピンチを作っているように見えるかもしれませんが、実は、密集から一番近いところ（かつてはチャンネルゼロと呼ばれていました）は攻められる確率が最も低いのです。

ブレイクダウンから出したボールは、少し離れたところにあらかじめ立っている選手にパスして突っ込ませることが多い。その方が助走をつけやすく、ゲインできる確率が高いからです。対して、ブレイクダウンに参加していた選手が自分でサイドに持ち出す場合は助走をつけられず、止まった状態からの加速なので、比較的小柄な選手でも止めることができます。仮に1発目で倒せなくても、密集に参加していたFWの選手がサポートにすぐ駆けつけるので、ビッグゲインはされにくい。その考え方のもと、相手が強いランナーをぶつけてくるであろう少し外めのエリアに、強いディフェンダーを並べるのです。

▼DFの間隔

もうひとつはDFの並び方、特に並ぶ間隔です。DF同士が間隔狭く並んでいれば、攻めてきた相手にダブルタックルしやすくなり（現代のラグビーではダブルタックルがスタンダードです）、それだけ抜かれにくくなります。それを優先するために、多くのチームは両サイドのスペースを「捨てて」います。ラグビーグラウンドの幅は70mあります。相手キックに備えるスイーパー役を2人置くとすれば、ディフェンスのフロントラインは13人です。13人で70m幅を守ろうとすると、DF同士の間隔はおよそ5〜6mになりますが、それではDF同士の間隔が広すぎてダブルタックルが難しくなります。そこで、オープン側の大外、15mラインよりも外のスペースはあえて捨てています。これによって守る幅は55mに狭まり、DF同士の間隔は約4・5mに狭まる。間隔が4・5

mならダブルタックルが可能になります。

もちろん、相手が空いている大外のスペースを狙う可能性はあります。しかし、遠くのスペースを攻めるにはアタック側にも高度なスキルが求められ、ミスが生じる可能性もあります。たとえば、最も手っ取り早く大外のスペースを攻められるキックパスを通すには、キッカーにかなりのコントロールが必要で、キャッチャーにはキックを読む力、キャッチングスキルも求められ、成功率はさほど高くありません。むしろ、ミスする確率が高くなります。大外のスペースを空けておくことは、相手にミスする可能性の高いオプションを選択させる（つまり、ミスさせる）罠《わな》でもあるのです。

そして、これはアタックでもディフェンスでもいえることですが、100%成功する満点の戦略、戦術は存在しません。できることは、成功する確率の高い戦略・戦術を、できれば複数、それもなるべく多く準備すること。そして相手と対峙《たいじ》したとき、どれが有効かを判断して遂行することです。

これは僕の個人的な考えなのですが、ここで大切なのは、ベストのオプションを求めすぎないことです。ベストのオプションを選んで遂行できれば、それはもちろん理想的なのですが、ベストがどれかを見極めるのに時間をかけてしまうと、それはベストではなくなってしまいます。

僕自身、コーチ時代に考えていたのは「ワーストチョイスでなければ良し」というものです。ゲームの中でどれかを選択して「もしかしてこれはベストじゃなかったんじゃないか……」と気にしながらプレーを続けていたら、うまくいくはずのこともうまくいかない。それよりも、選択したことを確実に実行し、選択したことを正解にしていくことが成功への近道だと思うのです。

4 セットプレー

得点あるいは失点は、ボールを動かしたゼネラルプレーの後に生まれることがほとんどです。しかしその起点は必ずセットプレーです。キックオフ、スクラム、ラインアウト、そしてドロップアウト。あるいは相手反則によるペナルティキック（ＰＫ）やフリーキック（ＦＫ／フェアキャッチによるＦＫもあります）。ラグビーのあらゆるプレーはセットプレーから始まります。

▼スクラム

セットプレーの中でもラグビー独特のものがスクラムです。両チームのFWの8人ずつ、計16人が塊になって押し合う。力任せに押し合っているように見えますが、実はとても繊細で、かつ勝負に大きな影響を与える、そしてラグビーの魅力の大きな部分を占める、重要なパーツです。

もしかしたら、最近ラグビーを見始めた新しいファンの方の中には、「スクラムはわからない」、「つまらない」とか、中には「いらないんじゃない？」と思う方もいるかもしれません。実は、僕もそう思っていた時期があります。スクラムはどうしたって局地戦になり、何度も何度もスクラムを組み直したら見ている人もやはり退屈になるだろうし、それよりもボールがダイナミックに動いた方がゲームとしての魅力は高まるように思います。

しかし、長くラグビーを続けてきて、いろいろなポジションの選手と接する中で、それは違っていたな、と思うようになりました。そもそもラグビーの始まりはスクラムだったという説もあります。冒頭で触れた、ラグビーの原型となった中世のフットボールは、元々超大人数で押しくらまんじゅうをするような競技だったというのです。つまり、スクラムはラグビーの原点なのです。

しかもスクラムは一見、力任せに押し合っているように見えて、実はとても繊細なものです。スクラムは、8人対8人で組み合いますが、その身体の密着度、肩の位置、膝《ひざ》の高さと角度、スパイクを置く位置と角度、爪を立てる深さ……すべての要素がとてもデリケートです。しかも相手がいるものなので、1回1回のスクラムはすべて異なります。僕は実際にスクラムを組んだことがないので本当の意味を体感しているわけではありませんが、SHなのでスクラムはいつも間近で見てきて、その複雑さは理解しているつもりです。

余談ですが、ラグビーではFW同士、特にフロントロー同士の仲の良さは有名です。ラグビーの練習では、全体練習（タックルやコンタクト、パスやキャッチングなど全ポジションで求められるスキルの練習）の他に「FWとBK」に分かれて練習する時間がありますが、これはFWの方が長い。おそらくどのチームでもそうだと思います。

BKは、複数の選手がどのようにボールを動かすかというコンビネーション、ムーブ（サインプレー）などのほかは、パス、キックなど個人スキルをより高める練習に時間を使うことが多いですが、FWは練習しなければならないことが本当に多い。スクラム、ラインアウト、ブレイクダウン、キックオフ……それぞれのプレーで専門的なスキルが必要なので、どうしても練習時間は長くなってしまいます。また強度が高く、消耗も激しいため、同じ苦労をしているもの同士の親近感、結束力があるのでしょうか。だから練習が終わっても、ＦＷ同士、フロントロー同士でいつまでも一緒にいて、いろいろなこと（多くはスクラムのこと）をしゃべっています。しかも、スクラムを組むときと同じ（背番号）１２３の順番に並んでくっついて座っていることが多い。フロントローの選手は体型の丸っこい選手が多いので、その並んでいる様子はけっこうというか、かなりかわいいです（笑）。

▼フロントローの合理的な体型

実は、フロントロー（ＦＷ第１列のＰＲ、ＨＯ）の選手が同じような体型をしているのはかわいいだけでなく、合理的なものなのです。スクラムは密着度が重要です。特にフロントローの３人は、前からは相手の８人の、後ろからは味方５人（セカンドローとバックロー）の強烈な押しを受けるので、バラバラにならないように少しでも密着度を高めなければいけません。その場合、フロントロー３人の身長が同じだと、後ろからの押す力がまっすぐ前に伝わりやすくなるのです。

その良い例が静岡ブルーレヴズのフロントローです。左プロップの河田《かわた》和大《かずひろ》選手は１７２㎝１０２㎏、フッカーの日野《ひの》剛志《たけし》選手は１７２㎝１００㎏、右プロップの伊藤《いとう》平《へい》一郎《いちろう》選手は１７５㎝１１５㎏。「大男」というイメージとは違う、いってみれば並の体格（体重は別として）ですが、ブルーレヴズのスクラムの強さはリーグワンでも最強と言われるほどで、トップリーグ時代の２０１８年以降公式戦無敗だった埼玉パナソニックワイルドナイツの連勝を止める、劇的勝利を飾る原動力になりました。

そのブルーレヴズのスクラムですが、フロントロー３人のサイズがほぼ同じことにはメリットがあります。身長が同じならば、胴の長さ（背骨の長さ）もほぼ同じ。ということは、スクラムを横から見れば高さが揃い、上から見れば背骨が平行に、同じ長さで並んでいることになります。「スクエア」という状態です。こうなると、フロントローの３人がバラバラではなく、ひとつの塊となって後ろからの押しをもらい、相手に伝えることができます。

スクラムでは「トイメン（対面の選手）に勝っても８人で負けたらダメ」という格言があります。ひとりがグイグイと前に出ても、８人のバランスが崩れるとスクラム自体が崩壊してしまう。だから前へ出られそうな場面でも出過ぎず、我慢することが大切なのですが、体型が同じトリオが最前列でプラットフォーム（日本代表のスクラムコーチ長谷川《はせがわ》慎《しん》さんは「壁」と表現しています）を作っていれば、スクラムの安定性は高まり相手にプレッシャーをかけることができます。

▼スクラムの中ではなにが起きているのか？

では、スクラムの中ではどんな戦いが行われているのでしょう。

スクラムは、ボールを取り合うプレーです。両チームの8人ずつが組み合った真ん中にＳＨがボールを投入して、両チームがスクラムを押し合ってボールを取り合う。その際、ＳＨから投入されたボールを足で味方側にかき込むのがフッカーの役割です。

攻撃側のスクラムの目的はボールを確保することだけではありません。ボールを出した後の攻撃を有利にするのにも重要な機能です。ひとつは、相手のＤＦ、特に最初のタックラーとなるフランカーの出足を止めること。たとえば左タッチラインに近いスクラムから右オープン側へアタックする場合、スクラムの右側が前に出る形で押せれば、相手の左（オープン側）フランカーの出足を止めることができる。これは逆から見ても同じで、相手が攻めるサイドが前に出る形でスクラムを組めれば、フランカーは前に出ながらディフェンスに行くことができるし、ナンバーエイトもスムーズにディフェンスに参加できる。ラインとして相手にプレッシャーをかけ、ダブルタックルできる状況を作れます。

スクラムを押すことで、相手のフランカーの意識をスクラムに向けさせることができ、次のフェイズ、ブレイクダウンへの参加を遅らせることができるのです。

さらに、スクラムを押し込むことで、スクラムの最後尾の5m後ろにあるディフェンスのオフサイドラインを、押し込んだ距離の分だけ後ろに下げることもできます。

もうひとつ、スクラムで行われている戦いで、ペナルティを獲得することがあります。スクラムを組む8人の合計体重は、シニアレベルでは900kgから1tになります。フロントローは前後から1tずつの力を受け、この状態で頭から地面に落ちると、首にその全体重がかかってしまうことがあり、頸椎《けいつい》損傷など深刻なケガにつながるリスクがあります。よって、スクラムが崩れる原因を作ることには厳罰が下るのです。

しかし、逆説的ですが、それゆえスクラムの強いチームは、プレッシャーをかけて相手に反則させることで優位性を作ろうとします。スクラムでペナルティを獲得し、タッチキックで陣地を進めれば、次のラインアウトで失敗したとしても相手ボールのスクラムで再びPKを獲得して、PGで3点を獲得できます。ボール獲得の手段であり、攻守の起点と認識されてきたスクラムですが、直接得点するのに有効な手段でもあるのです。

ワールドカップでも、無類のスクラムの強さを誇ったアルゼンチンが1999年、初めて8強に進んだときは、ほぼスクラムでのPK獲得からPGを重ねる戦法で勝利を重ねました。国内では、静岡ブルーレヴズの前身ヤマハ発動機ジュビロが、やはりスクラムでPKを獲得しては五郎丸歩《ごろうまるあゆむ》選手のタッチキックで前進し、あるいはロングPGを蹴り込んで得点を重ね、2014年度の日本選手権で優勝を飾った例があります。現在の静岡ブルーレヴズの強力スクラムも、この流れを汲《く》むものです。

スクラムが強ければ、ハンドリングエラーなどのミスがあっても次のスクラムでボールを取り返せる可能性が高くなります。リスクヘッジ（保険）があれば、それだけ思い切ったアタックが可能になり、ミスの不安を取り除くことができます。攻撃が上手くいかなくなったときに、チームを落ち着かせる場所があることは、ゲームを進めていく上での安定感をもたらします。

▼スクラムは両刃の剣

ただし、スクラムという武器は両刃《もろは》の剣だということも理解しておきたいです。お互いに押し合うスクラムが崩れた場合、どちらに原因があったかを正確に判定するのは困難です。客観的に見れば、相手に崩させるようにスクラムを組んだなら、崩させた側に原因があるとも言えます。

そもそも、スクラムの最前列・フロントローは、お互いがまっすぐ押し合って力が均衡していれば左側が前に出ます。これは、左プロップは頭の左側が空いていて（ルースヘッド）、右プロップは両側が相手に挟まれている（タイトヘッド）という組み方をする以上、必然です。よって、理想は時計でいう1時の方向に押すこと、そうすれば相手に向かって垂直に力が伝わります……と言うのは簡単ですが、互いのベクトルが一致しないとやはりバランスは崩れます。本当に繊細なのです。そのような性質があるため、スクラムの判定をするレフリーは本当に難しく、どちらに原因があったかが不明瞭《ふめいりょう》な場合、どんな判定が下ってもおかしくありません。それゆえ、スクラムで主導権を握っているように見える側が、コラプシング（スクラムを崩すこと）の反則を科されることも珍しくないのです。

スクラムはかつて、距離をとった状態からぶつかり合っていましたが、現在はより安全性を高めるため、互いに接近して（イヤー・トゥ・イヤー＝互いのフロントローの耳が触れ合う位置まで近づくよう奨励されています）から、レフリーの合図に合わせて組み合う方式に改められています。しかし、実際に互いの肩をぶつけて組み合う前に、腕で相手をつかみ合う「バインド」という段階があり、ここから戦いは始まっています。スクラムを有利に組むには、組み合う前の時点で優位に立っておきたいからですが、ここで「やりすぎ」とレフリーから判断されれば反則を科されてしまいます。

つまり、ＰＫを取りにいくのは実はリスクを伴うギャンブル――という側面もあるのです。よって、強いスクラムを持っていても、無理にペナルティを取りにいかない方が、トータルではスクラム成功率が高く、勝利に近づけるという面もあります。

あるデータでは、PKを獲得したかどうかを問わないスクラム成功率（マイボールを出した、あるいはPKまたはFKを獲得した）は、ブルーレヴズではなくワイルドナイツがリーグワンで一番高いという話を聞いたことがあります。スタッツはカウントする人によって評価が異なり、試合ごとに数字も変動するので一概には言えませんが、興味深い観点だと思います。スクラムは強いに越したことはありませんが、スクラムを押すこと自体が得点になるわけではありません。スクラムの優位性を得点につなげる具体的な手法を持つことが、勝利につながるのです。

▼ラインアウト

スクラムと同様、重要なセットプレーがラインアウトです。これは、タッチに出たボールを、出さなかった側が投入することによってゲームを再開するプレーで、両チームの選手が1mの間隔をあけて並んでいる真ん中にボールを投げ入れて取り合います。必然的に、背の高い選手が有利ですが、かつての日本代表は、ラインアウトに並ぶ人数を

2人と少なくするショートラインアウトを考案しました。ジャンパーの前後の動きと投げ入れるスローワーとの呼吸で身長差を克服する工夫をしたのです。

しかし、1996年にラグビーがプロ容認に舵《かじ》を切った時期から、跳び上がってボールを捕球する選手（ジャンパー）を周りの選手が持ち上げる（リフティング）行為が「サポート（支える）」として容認され、ラインアウトは大きく変わりました。それまではジャンパーのジャンプ力があくまでもメインだったものが、前後のリフターとのコンビネーションで、どれだけ高い到達点を作って、相手を出し抜いてボールを確保するかという戦いに、ラインアウトは変貌《へんぼう》しました。インターナショナルだけでなくリーグワンの上位チームでは、今や身長2m級の選手を複数揃えていて、2mの選手が2mの選手の腿《もも》を持ってリフトする。腕を伸ばした最高到達点は4mをはるかに超えます。ものすごい世界です。

そして現在、ラインアウトはラグビーで最もセンシティブなプレーとされています。多くのチームで、ラインアウト練習の場面はファンにもメディアにも非公開、仮に公開されてもムービー（動画）はもちろん静止画の撮影もNG、という条件が出されることが多いです。ほんのわずかな静止画の写真からでも、優秀なアナリストはラインアウトのクセ、オプションを読み取ってしまうので、情報漏れを防ごうと考え、すべてをNG

にするのでしょう。

ラインアウトでは、前後の選手がジャンパーを持ち上げる「ダブルリフト」が最も高い到達点を作ることができます。捕球の成功率を高めるにはそれが必要ですが、レベルの高い戦いでは相手チーム（ディフェンス側）もダブルリフトでボールをカットしに来ます。そうさせないよう、相手が跳ぶタイミングをずらすためにいろいろなフェイクを入れます。相手のジャンパーユニットがリアクションすることができず、余裕を持って投げ、捕るのが理想です。

とはいえ、誰が跳ぶかを読まれていれば、フェイクをかけるにも限界があります。相手チームは、おそらくジャンパーにならないプロップの選手がどこにいるか……といった要素を見て、誰が跳ぶかを予想して山を張ります。現在多くのチームが採用しているのは、ジャンパーにもリフターにもなれる選手が3、4人並び、誰が跳ぶか相手に分からせないようにする方法です。そのために、メインジャンパーとなるロック（LO／背番号4と5）だけでなくフランカー（背番号6と7）、ナンバーエイト（背番号8）にも長身の選手を置き、ジャンパー兼リフターとしてラインアウトに並ばせる傾向が強くなっています。

▼ラインアウトはスクラムと何が違うのか？

そんなラインアウトですが、スクラムとの大きな違いは人数の自由度の高さです。スクラムは必ず両チーム8人ずつで組まなければなりませんが、ラインアウトは2人以上なら何人でもよく、その人数はラインアウトを投入する側が決めることができます。

もうひとつの特徴は、オフサイドラインの距離です。ラインアウトのオフサイドラインは中心線から両サイドへ10mずつのところに設定されるので、あわせて20mのオフサイドゾーン＝攻撃スペースがあります。そのため、ラインアウトでボールを獲得したあとには、アタックの工夫の余地がものすごく多いのです（スクラムのオフサイドラインは、スクラムに参加している最後尾の選手の足の位置から5m後ろです）。

▼ラインアウトからのアタック

では、ラインアウトからのアタックにはどんな攻め方があるでしょうか。

ひとつはラインアウトで獲得したボールを、FWがモールを組んでそのまま前に進めることです。これは相手DFを集めて外側に有効な攻撃スペースを作ることでもあり、相手ゴールに近い場合はそのままトライを狙うこともできます。相手の意識が外のDFに向いている場合は、ラインアウトに参加していなかったFWの選手やBKの選手もモールに入って押し切りに行く場面もよく見られます。
そして、相手がモールを止めることに集中してくれれば、外の攻撃スペースがさらに攻めやすくなります。

そもそもラインアウトはスクラムと違い、人数を自分たちで決められるので、ＦＷの選手をアタックラインに立たせることができます。フィジカルの強いＦＷ選手をラインアウトからの最初のアタッカーに用いる例は、たとえば日本代表やサンゴリアスがテビタ・タタフ選手を使うサインプレーなどで見られます。

ラインアウトに並ぶ選手を注意深く見ていると、そのチームがどんな工夫をしているのかが見えてきます。基本的に、ラインアウトにＦＷが全員（スローワーを除く７人）入っていれば、ＤＦ側はモールを警戒しなければなりません。一方、タタフ選手のようなタイプのアタッカーがラインアウトに入らずアタックラインに立っていれば、そこを攻めてくると予想できます。

モールを使うにせよ、ボールを出すにせよ、ラインアウトで「望ましい」とされるのは、「後ろで捕る」ことです。タッチラインから離れた位置でボールを確保すれば、モールを組んでもタッチに押し出されるリスクは低い。そして、オープン側とショートサイド（狭い側）の両側に攻撃スペースが生まれ、相手ＤＦの意識を分散させることができます。

難点は、スローの距離が長くなる分、スローイングの精度はよりシビアに求められることです。近年はラインアウトのノットストレートの取り締まりが厳しくなっていて、なおさらです。風の強い日はさらにノットストレートのリスクは大きくなります。

また、ラインアウトに入らない選手を活《い》かすプレーとして、ラインアウトを確保してからのパスではなく、ラインアウトに並んでいない選手に直接投げる「ロングスロー」という方法もあります。かつてはジャンパーの身長で不利なチームに有効なオプションとして多用されましたが、これもスローイングの精度が求められます。リフティングが事実上解禁されてからは、身長の低いチームも一定のボール獲得率が見込まれるようになり、ロングスローはあまり使われなくなっていますが、2022年の関東大学リーグ戦で、身長211㎝のジュアン・ウーストハイゼン選手を擁する東洋《とうよう》大学と対戦した立《りっ》正《しょう》大学は、ラインアウトにBK選手を並べ、ロングスローでミッドフィールドに立たせたFWの選手にボールを投げました。相手の高さを活用させない戦術でボールを獲得したのです。このように、ラインアウトでは「誰が並んでいるか」だけでなく「誰が並んでいないか」も、対戦相手や観戦者にとってはそこから戦術を読み取るための情報になります。

▼キックオフ

ラグビーで「セットプレー」というと、スクラム、ラインアウトをイメージしやすいですが、忘れてならないのはキックオフです。試合の前半と後半の開始時に、それぞれで行われる他、どちらかのチームが得点すれば、ゲームの再開方法として使われます。スクラムやラインアウトは、ゲームの行方を決める重要な要素と見なされますが、キックオフはそれほど注目されていないのが現状です。ですが、実はキックオフは、控えめに言ってもスクラムやラインアウトと同様に勝敗に影響するプレーなのです。しかし、そこまで考えて練習しているチームが果たしてどれだけあるか。正直言って、僕自身、現役選手の間はそこまで意識してはいませんでした。

僕がキックオフの重要性を考えるようになったのは、追手門学院で女子セブンズの指導をしたのがきっかけでした。

▼女子セブンズで学んだキックオフの原理

セブンズでは、セットプレーはキックオフが非常に多くなります。ノックオンはアドバンテージで流されることが多いことからスクラムは少なくなり、また、ＰＫでも陣地を進める概念が薄く、タップキックで再開する傾向が強いのでラインアウトも少なくなります。結果として試合はほとんどペナルティとトライの笛しかなくなるのです。

セブンズでは得点した側がキックオフを蹴ります。このルールは、陣取りゲームの要素が強い15人制と違い、セブンズでは陣地よりもボールを保持すること＝ポゼッションが有利だという前提で、得点した側が相手にボールを持たせることで、ゲーム進行の均衡を図るのが狙いでした。

しかし、前述した通り、女子のセブンズは選手の筋力、走力が男子ほど強くないため、15人制よりも広い攻撃スペースがあっても一度にトライまで持って行くのは難しく、さらにはブレイクダウン成功率も15人制よりも低い＝密集でボールを失いやすくなります。つまり、キックオフを受けてボールを持つメリットよりも、自陣にいるデメリットの方が大きいのです。裏返せば、得点した側はまたキックオフで敵陣に入れるので、15人制と違い連続得点できる可能性が高くなります。

それにもかかわらず、女子のセブンズではキックオフに失敗するチームがとても多い傾向がありました。キックオフは、相手陣の10m線を越えたところまで蹴る必要があります。10m飛ばなかった場合、直接タッチに出た場合は、センターでの相手ボールのFKまたはスクラムで再開されます（まれに、相手チームが蹴り直しを要求することもあります）。ディフェンス側は自陣10m線の後方まで下がらなければいけません。相手陣に入って連続得点のチャンスを得るはずが、自陣に入られるピンチになってしまいます。
キックオフを失敗するのは、10m線上ギリギリに届く短いキックでのボールの再獲得を狙いすぎるからだと僕は考えました。ノット10mやダイレクトが頻発する理由は、10m付近に蹴ろうとして精度を求めすぎていることにあります。そして、正確なキックを蹴ったとしても、再獲得するには相手との競り合いという次の難関が待っているのです。

確率で考えるとわかりやすいでしょう。キックオフを10mラインを越えたギリギリの位置に落とせる成功率が50%、そこで相手と競ってノックオンなくボールを獲得できる可能性を50%と仮定すると、もくろみ通りに敵陣で攻撃できる可能性は25%、そしてノット10mにより自陣でディフェンスする可能性が50%になります（残り25%はノックオンや相手の獲得により敵陣の浅い位置でのディフェンスになります）。もし、もくろみ通り25%の難関を乗り越え10m線上でボールを獲得したとしても、実は相手ゴールまでは40mある。リスクの高さに対してリターンはそんなに高く望めない。費用対効果が悪すぎるのです。

僕自身、追手門学院をコーチした1年目は、男子セブンズのセオリー通りにキックオフを浅く蹴ってボールの再獲得を狙い、失敗を繰り返しました。逆に、相手キックオフのときは自陣でボールを捕っても全然チャンスを作れませんでした。相手キックオフで試合が始まってから、一度も敵陣に入れずに前半が終わることもありました。まるで「レシーブ地獄」です（この経験が、「射程圏」という概念につながりました）。

それ以降、追手門学院は10ｍラインの近くで競ることを考えず、相手陣深くにキックオフを蹴り込むように戦術を変更しました。深いキックオフはほぼ１００％相手ボールになりますが、セブンズのブレイクダウン成功率は約80％なので、理論上は5フェイズ守れればボールを奪えることになります。効果は着実に表れて、チームは勝てるようになっていきました。

ここまで読んでいただくと、「それは女子の、しかもセブンズに限ったことじゃないのか？」と疑問を持つ方もいるかもしれませんが、そんなことはありません。キックオフが勝負を決めた例にあげられる典型的な試合に、２００３年ワールドカップ決勝のイングランド対オーストラリアがあります。

この試合はイングランドが前半14－5とリードしますが、オーストラリアは後半、２ＰＧを加えて3点差に追い上げ、終了直前のラストプレーで14－14の同点に追いつき、10分ハーフの延長戦に入ります。延長戦もイングランドが前半にＰＧを決めて3点をリードし、オーストラリアが後半8分に同点に追いつく激戦となりました。そして同点に追いつかれたイングランドは9分、SOジョニー・ウィルキンソン選手が滞空時間の長いキックオフを敵陣深く蹴り込み、蹴り返すオーストラリアのFBマット・ロジャース選手にプレッシャーをかけます。同点に追いついたオーストラリアでしたが、自陣で1分間ボールをキープするのはリスキーすぎると判断しました。しかしイングランドのプレッシャーもあり、キックがタッチを切ったのは自陣10ｍ線よりも手前でした。イングランドから見れば残り1分、相手ゴールまで30ｍ強という「射程圏内」でのラインアウトです。

そしてイングランドはラインアウトから3つのフェイズを重ねてボールを相手ゴール前まで運び、残り30秒でウィルキンソン選手が伝説に残る決勝DGを決めました。イングランドはこれによって、5回目のワールドカップで北半球勢最初の（そしてこれまで唯一の）優勝を飾り、1999年大会からの連覇を狙ったオーストラリアは連覇ならず、監督のエディー・ジョーンズにとっては初めて臨んだワールドカップは準優勝に終わりました。

もうひとつ、キックオフが勝敗に大きく影響した試合をあげるなら、2022－23シーズンのリーグワンのプレーオフ決勝、クボタスピアーズ船橋《ふなばし》・東京ベイとワイルドナイツの一戦なのですが……この試合については第3章でまとめて触れたいと思います。

その前に、セットプレーと同様に、もしかしたらセットプレー以上に試合に影響するかもしれない要素と言われる「ブレイクダウン」を深掘りしようと思います。

5 ブレイクダウン

試合後のコメントでよく聞かれるフレーズに、「ブレイクダウンでプレッシャーをかけた／かけられた」というものがあります。

ブレイクダウンとは、タックル成立後のボール争奪戦です。ざっくり言うと、タックルされた選手（ボールキャリアー）が地面に置いたボールを、どちらのチームが乗り越える（オーバー）ことができるかの競い合いです。ポイントは相手よりも早くその現場に到着すること（「セカンドマンレース」と呼ばれます）、そして相手を押し込むことです。アタック側から見れば、（スクラムやモールでもそうですが）押し込みながらボールを出せば、相手ディフェンスはオフサイドラインが下がっている最中に、後ろに下がりながらディフェンスに出なければならない。どうしても前に出る力は削《そ》がれます。

ブレイクダウンという言葉は、そんなに古いものではありません。僕自身は、早大に入学した2001年、清宮監督の口から聞いたのが初めてでした。高校時代は、ボールをリサイクルする行為を意味する言葉は「ラック」でした。

当時の僕は「なんでわざわざタックルを受けて密集を作って、攻撃を停滞させるのだろう？」と不思議に思っていました。密集を作るよりも、パスをつないで攻めていった方がよほど効率的だろうと思っていたのです。

しかし、ラックを作ることにはもっと大きな意味があったのです。

▼狙い①オフサイドラインを作る

第1の狙いは「オフサイドラインを作る」ことです。

密集には、地面にあるボールを両チームの選手が組み合って奪い合う「ラック」と、どちらかのチームの選手が手でボールを保持している状態で押し合う「モール」があります。どちらの場合も、密集ができた時点でオフサイドラインが発生し、そこよりも前方にいる味方選手はゲームに参加できなくなります。相手ディフェンスが何人かオフサイドになったままの状態で素早くボールをリサイクルできれば、数的に優位な状態でアタックできるわけです。

▼狙い②有利な場所に攻撃拠点を移動させる

たとえば、タッチラインぎりぎりのところでタックルを受けて、何とかボールを残して、次のアタックに移るとします。相手ディフェンスは、キックに備えて下がっている選手を除き、横一線に並んでいます。タッチ際のショートサイドにスペースがなければ、アタック側としてはオープン側一方向にしか攻められません。ディフェンスは迷わずに出てくることができる。アタックが不利な状況です。そういうとき、少しオープン側にボールを動かしてブレイクダウンを作れば、左右両方に有効な攻撃スペースが生まれます。一方向のアタックなので相手のプレッシャーを受けやすく、ゲインラインよりも後方で密集ができる可能性もありますが、そのマイナスを差し引いても、左右にスペースがある状況を作る方が望ましい。それは、ブレイクダウンをグラウンドの内側へ移動させることには、場所の移動だけではないメリットがあるからです。それは「ディフェンスラインを分断すること」です。

▼狙い③ディフェンスラインを分断する

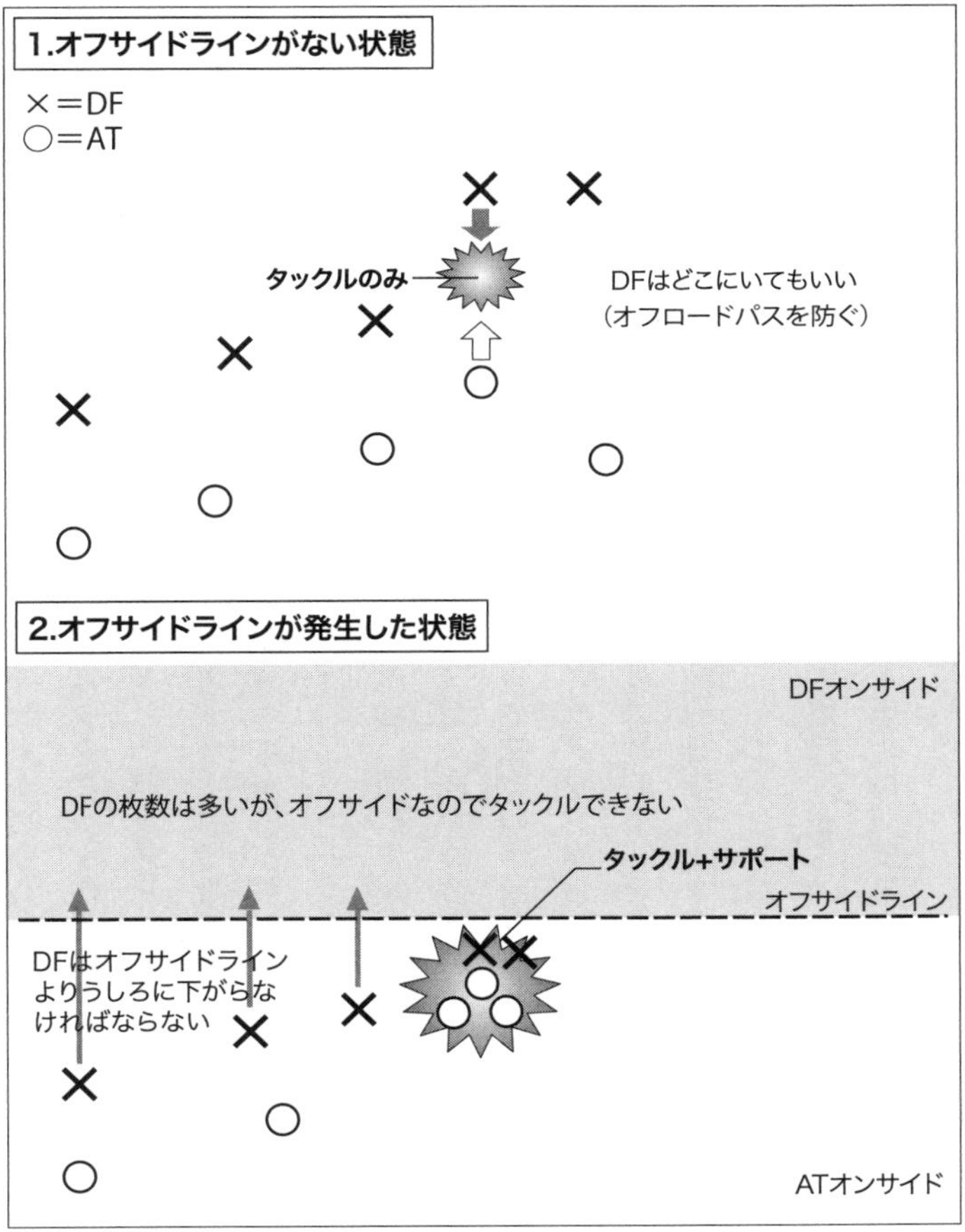

狙い①オフサイドライン

先ほどの例のように、タッチライン際のポイントから攻めた側がディフェンスラインのどこか、たとえば真ん中にヒットしてブレイクダウンを作れば（ラックになるにせよモールになるにせよ）、アタック側もディフェンス側もブレイクダウンをはさんで両側にラインを作る（人数を配置する）ことになります。こうなると、アタックとディフェンスの戦いは、左右のサイドにどう人数を配置するか／どちらを攻めれば有利か、という判断が問われることになります。

有利な状況は意図的に作ることが可能です。横一列にアタック／ディフェンスが同じ人数で並んでいると仮定すると、自分のトイメン（向かい合う選手）よりも外側の選手に当たってブレイクダウンを作れば、その時点で味方のラインの外側は数的優位を得ることになります。その一方で内側には、ブレイクダウンから抜け出た選手が並んでラインを作っている。相手ディフェンスラインが外の数的不利を埋めようと内側の選手が外のスペースへ移動していけば、今度は内側に数的有位ができるチャンスが出てきます。

▼狙い④フォールディングエラーを引き起こす

ディフェンスにおいて、アタックに対応するために重要になるのが、ブレイクダウンにおける「フォールディング」です。

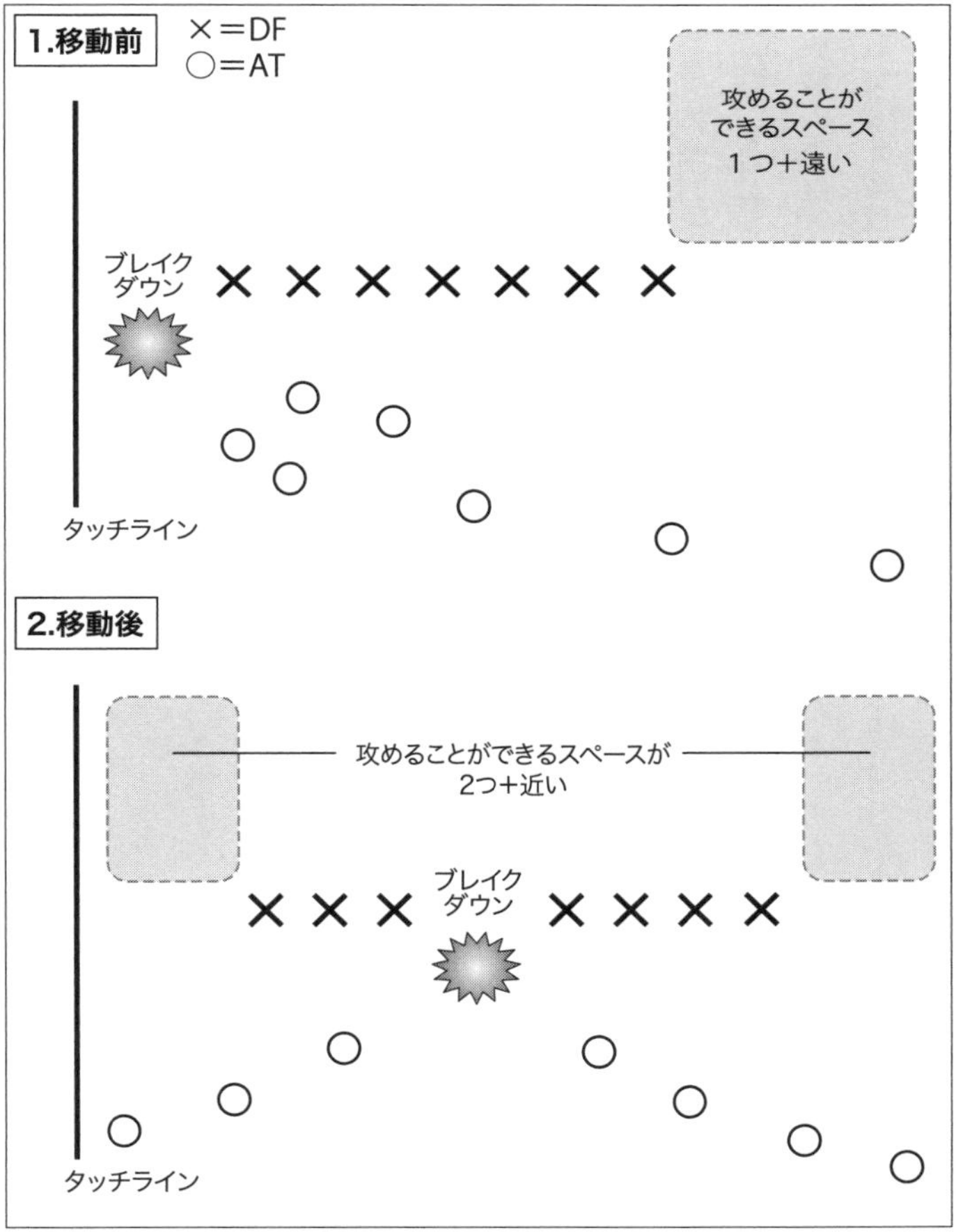
1.移動前
×＝DF
○＝AT
攻めることが
できるスペース
1つ＋遠い
ブレイク
ダウン
タッチライン
2.移動後
攻めることができるスペースが
2つ＋近い
ブレイク
ダウン
タッチライン

狙い②攻撃拠点の移動

前述の「ディフェンスラインの分断」が起きて、両サイドの数的不均衡が生まれたとき、ディフェンス側は人数が足りないサイドを埋めるため、ブレイクダウンを越えて反対側へ移動します。このアクションはフォールディングと呼ばれます。もともとは「折りたたむ」という意味です。

ディフェンス側としては、ブレイクダウンが起きるたびに、相手のアタッカーと味方のディフェンダーの立っている枚数をカウントする。足りない方へ、余っている側から人数を回すという作業をしなければなりません。

ただし、ゲームは止まらずにどんどん進んでいます。相手はすぐにでもボールをリサイクルして次のフェイズアタックにかかろうとしています。ディフェンス側は、大急ぎで判断しなければいけません。正確に人数を数えるのは困難ですし、正確を期して時間をかけていたら数え終わらないうちに相手がアタックに来てしまう。瞬時に(だいたいの数を)推測して(英語ではスキャンするとかスキャニングとか言います。「見て取る」「察知する」というニュアンスです)対応するしかないのが現実です。また、敵味方の枚数のカウント(スキャン)が正確であったとしても、移動(フォールディング)が遅れてしまえば、やはり枚数は足りないまま……そういう現象が「フォールディングエラー」と呼ばれるものです。フォールディングを繰り返せば繰り返すほど、エラーは

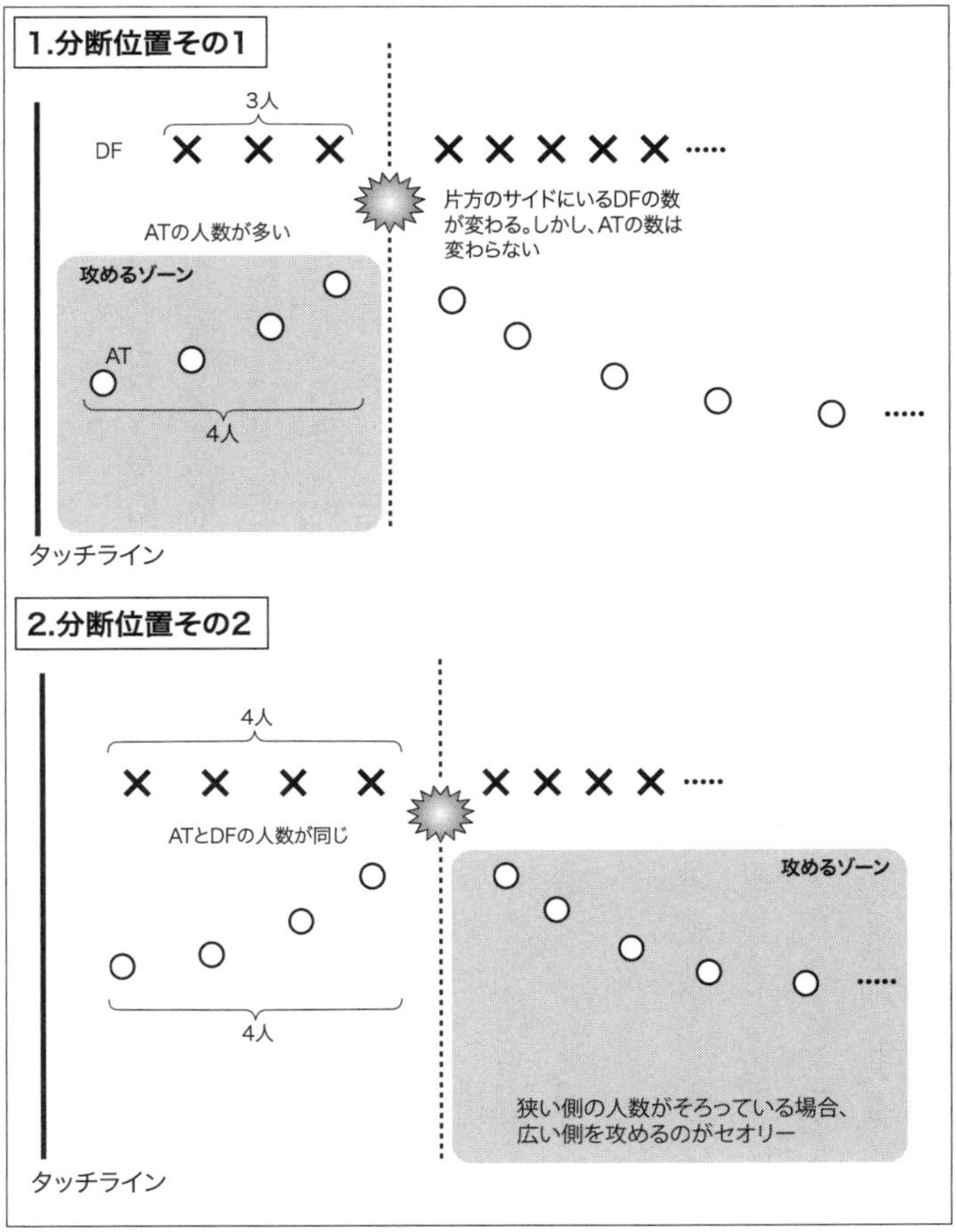

狙い③ディフェンスラインの分断

起こりやすくなります。

▼狙い⑤カウントエラーがもっと増えるよう仕向ける

ディフェンスラインの形成時に相手にカウントエラー（人数の数え間違い）を起こさせる策は、攻撃側の移動だけではありません。ブレイクダウン（密集）に入る人数をコントロールすることでも、相手を混乱させることはできるのです。

15人制ラグビーにおけるブレイクダウンは通常、ボールキャリアー1人にサポートが2人ついて相手タックラーとジャッカルを排除（クリーンアウトとかスイープなどと呼ばれます）して、SHがボールをパスアウトします。こういうフェイズが続くと、相手ディフェンスも目が慣れてきます。ボールが出たとき、攻撃ラインに立っている人数、枚数が予測できるのです。

実はそういうときがチャンスなのです。相手が慣れたときに、アタック側は意図的にブレイクダウンに入る人数を減らす。ボールキャリアー＋スイープ1人だけでボールを出せれば、それまでよりも1人を節約できる＝次のアタックラインに人数を1人増やせる＝数的優位を作れることになります。

そのようなカウントエラーを起こさせるために、ラグビー選手はあえて〝かくれん

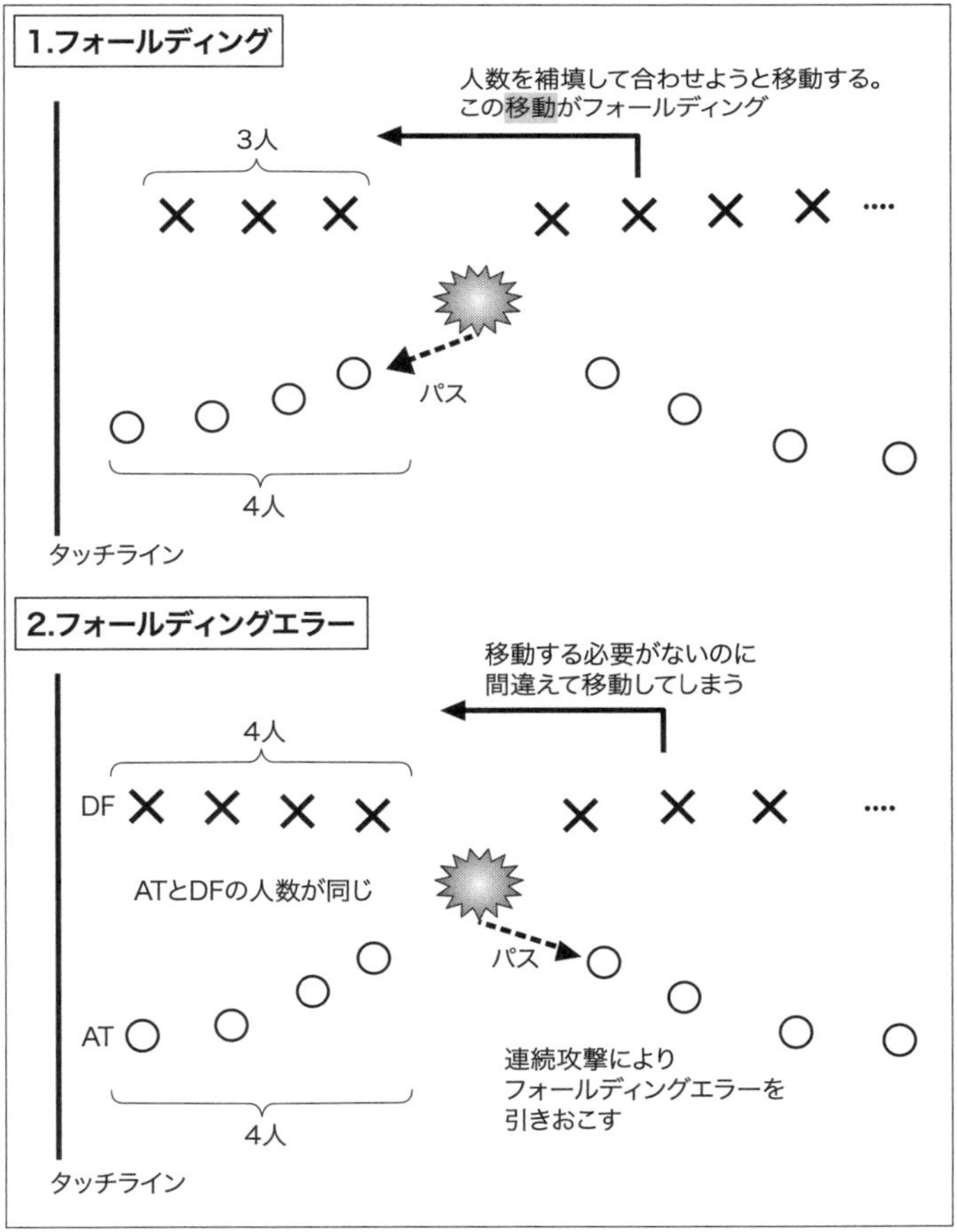

狙い④フォールディングエラー

ぼ〟までやります。ブレイクダウンの後方に走り寄り、さもブレイクダウンに参加しているかのように装うのです。ディフェンス側は瞬時に味方と相手の人数を把握しないといけないので、1人の細かい動きまではきっちり観察できない。「密集に3人いて、こっちに5人いるから、スクラムハーフを抜いたら向こうサイドは6人だな」と判断してディフェンスを急ぎ配置したとき、実は密集には2人しか入っておらず、向こうサイドに7人のアタッカーがいたとしたら……それだけで相手に数的優位を作られてしまう。〝かくれんぼ〟はアタック側に数的優位を作り、トライチャンスまで作ってしまうというわけです。

いかがでしょうか。ブレイクダウンではどんな戦いが繰り広げられているか、どんなだまし合いが行われているか、分かっていただけたのではないかと思います。

ただ、ここにあげたような駆け引きが、すべて冷静に行われるわけではない——それもまた、ラグビーの面白さです。たとえば、完全にシナリオ通りに相手をだました、ブレイクダウンの左右の人数マネジメントに仕掛け勝って、数的優位を作った——そんな形が95%できた場面であっても、相手がブレイクダウンに猛プッシュをかけて球出しを狂わせ、ノックオンさせる、そんな場面もまた、ラグビーにはあります。このプレーは

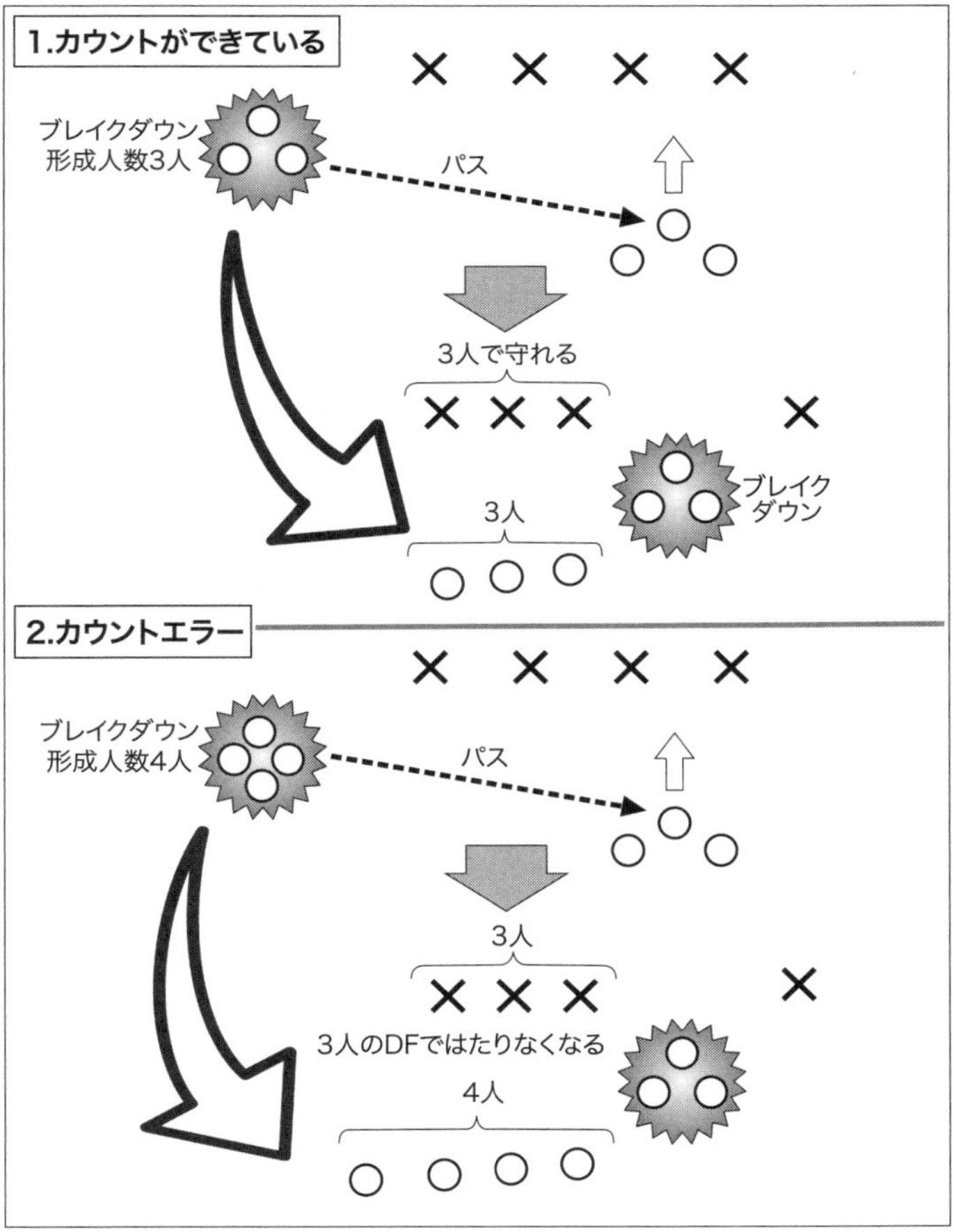
1.カウントができている
ブレイクダウン
形成人数3人
パス
3人で守れる
ブレイク
ダウン
3人
2.カウントエラー
ブレイクダウン
形成人数4人
パス
3人
3人のDFではたりなくなる
4人

狙い⑤カウントエラー

「カウンターラック」と言います。

記憶に新しいところでは、リーグワンの2022－23シーズンプレーオフ準決勝、サンゴリアス対スピアーズの後半にありました。サンゴリアスのCTB尾崎泰雅《おざきたいが》選手がトライを決めたと思われた場面を、TMO（テレビジョン・マッチ・オフィシャル＝ビデオ判定）で確認した結果、その前の密集から球を出そうとしたサンゴリアスSH流《ながれ》大《ゆたか》選手の手から一瞬、ボールが落ちていたことが確認され、トライは取り消しになってしまいました。

ただ、このプレーは紙一重です。相手の球出しを狂わせるには、衝撃を与えるほど強くラックに入らなければなりませんが、その際に相手選手の上半身、肩の線から上、さらには顔面にコンタクトしてしまう怖れがあります。相手選手はラックに参加するため、そもそも低い姿勢になっています。そこにコンタクトしていけば、自分の肩が相手の顎や顔に当たる可能性がある。そうなると、現在のレフリングの指針ではレッドカード（退場）になる可能性が高いのです。

▼ブレイクダウンの「勝ち方」はいろいろある

ブレイクダウンに勝つ、相手にプレッシャーをかける……当たり前に使われる言葉ですが、それはものすごく奥が深い。ラグビーのトライの取り方にいろいろな種類、パターンがあるように、ブレイクダウンの勝ち方もたくさんあります。

リーグワンのチームでいえば、東芝《とうしば》ブレイブルーパス東京は「接点無双」という言葉を掲げているように、コンタクトの強さ、激しさでブレイクダウンを支配しようとします。スピアーズの場合は同じようにFWの強さを武器にしていますが、当たる強さよりも当たったあとの、自分たちの大きさ・重さを活かした圧力でブレイクダウンを制圧しようとしているように見えます。２０２２－２３シーズンは不調でしたが、神戸スティーラーズも似ています。

対して、サンゴリアスはスピードで勝負します。もちろんコンタクト自体は激しいのですが、それ以上に、ブレイクダウンに集まる速さで相手を制圧するという哲学がある。

面白いのはワイルドナイツです。当たる強さも重さも速さもすべて備えているのですが、そのどれにも偏らないのがワイルドナイツのブレイクダウンです。あえて言えば、ブレイクダウン（それだけでもないのですが）でのワイルドナイツの選手の特徴は「トップスピードでプレーしない」ことです。常に80％程度のスピードで動き、視野を広くもってプレーしている。だから、相手の動きが見えるし、相手の動きを見てから判断してプレーができる。いわば〝後出しじゃんけん〟をしながらバランスをキープして、ブレイクダウンを優位に重ねるのです。

ただ、そういうトータルな強さを、どこかで一点突破を図るチームが上回ることもあるのがラグビーの面白いところです。ワイルドナイツが敗戦を喫した静岡ブルーレヴズ戦は、ブルーレヴズがスクラムで徹底的にプレッシャーをかけ、PKを奪ってはタッチキックで陣地を進め、そのラインアウトでボールを再獲得してモールでプレッシャーをかける……という繰り返しでスコアを積み上げていきました。きわめてシンプルな組み立てが、精緻《せいち》なまでに積み上げたワイルドナイツのラグビーを打ち破ったというのは興味深いです。

6 80分のマネジメント

▼ラグビーのゲーム時間

ここまでは、ラグビーの試合で繰り広げられる、具体的な戦い、言ってみれば「パーツ」について考えてきました。しかし、実際の試合の勝敗は「パーツ」の優劣のみで決まるわけではありません。必要なのはそのパーツを使って「スコア」することであり、それを80分にわたってやり合った末に、トータルの得点で勝った側が勝者になります。ラグビーの試合時間は、40分×前後半の2ハーフで合計80分です（高校では30分ハーフの60分間）。サッカーの45分×前後半、合計90分よりは短いですが、ラグビーは時間通りに終わりません。サッカーではアディショナルタイム（負傷やビデオ判定などで超過した時間）が設定されます。ラグビーのエリートグレードのゲーム（テストマッチやスーパーラグビー、リーグワンなど）では、プレーが止まっている時に時計を止めるタイムキーパー制を導入しているので「アディショナルタイムが何分」という表現はされませんが、タイムキーパー制を導入していない大学のゲームでは「ロスタイムは5分です」などとアナウンスされることもあります。

また、試合時間が満了すればプレー中でも試合終了の笛が鳴るサッカーと違い、ラグビーでは試合時間が満了していてもゲームが途切れるまでは試合が続きます。そして、反則では終了せず、ＰＫまたはＦＫで試合が再開されます。しかも、タイムアップ後でもＰＫでタッチキックを選択した場合は、そこからのラインアウトまで試合は継続します。理論上は、いつまでも試合が続くこともありえます（高校ラグビーでは、30分ハーフなのに後半のロスタイムが20分も続いた例があります）。

よって、タイムアップの時点で6点差以内であれば、逆転は可能なのです。

大事なのは、勝敗を決するのは試合終了時だということです。80分の試合は、局面局面の戦いの積み重ねであり、ひとつひとつの戦いに勝負は存在するのですが、その勝負は試合の結果にすごく影響するけれどイコールではない。マラソンに喩えれば、42㎞ずっと先頭を走り続けても、最後の195mで抜かれてしまえば勝利ではない。大事なのは、ゴール地点に先頭で走り込み、テープを切ることです。途中でどれだけ大量リードを奪っていても、あるいは奪われていても、試合の勝者は試合終了時に1点でも勝っていたチームです。

そのような繊細な駆け引きがある一方で、ラグビーはある意味大雑把なスポーツで、「勢い」が重視されます。ゲームを優勢に進めること、支配すること、敵陣で試合を進めること……そういった要素を押さえていれば、必ずしもスコアできていなくても、あえてネガティブな声はかけ合わず「大丈夫大丈夫、勝ってる勝ってる」といった声をかけて「勝ってる感」を強調する……そんなチームも多くあります。

もちろん試合中にチーム内でかけ合う声は相手チームの選手にも概《おおむ》ね聞こえるので、あえて自信満々な様子を演じることも、駆け引きの一部です。しかし、地域・ボール支配率的に、圧倒的にゲームを支配しているように見えながら得点をあげられず、ワンチヤンスで相手にスコアされてしまい負けてしまうチームは、歴史上枚挙にいとまがありません。

僕自身、神戸製鋼時代には、ワイルドナイツを相手に大型FWを武器として相手ゴール前に長く攻め込みながら、ちょっとミスしたボールを相手WTB北川智規《きたがわともき》選手に拾われて95m独走トライを決められて、それで負けてしまった……というような苦い記憶があります。これはワイルドナイツの伝統的な強みで、近年も竹山晃暉《たけやまこうき》選手がインターセプトから独走トライを決めたりしています。相手チームとしては、ほとんどの局面で勝っていたのに、最後の仕留めだけしくじってトライされた「だけ」で、「負けた気がしない」という感覚になります。ただ、はっきり言いますが、それが「負け」なのです。

つまり、ラグビーで大事なのは、80分＋αの試合が終わった時点でスコアで上回っていることです。最後の時間帯に得点を取り切り、あるいは相手に得点させずに勝ちきることなのです。

▼得点計算

ここではいくつかの大事な要素があります。

ひとつは得点計算です。

ラグビーの得点で大事なのは「7の倍数」です。ラグビーではトライで5点、そのあとのコンバージョンで2点の合計7点（またはペナルティトライの7点）が、一度に入ります。つまり7点差はセーフティーリードではありません。

だから最後の時間帯で大切なのは「8点差」以上に広げること。そうなれば、相手は1Ｔ《トライ》 1Ｃ《コンバージョン》の7点では追いつけない。残り5分、5点または6点リードで、相手陣でＰＫを得た場合、ＰＧを狙って8点差または9点差にすれば、勝利できる可能性はかなり高くなります。リードが4点の場合でも、7点差にすれば逆転はされないし、トライだけでは追いつけないというプレッシャーを相手に与えることができます。

ところがリードが1点から3点の場合、ＰＧを加えてもリードは4〜6点。これは、相手に「ＰＧやＤＧでは追いつけない」けれど「（4点なら）トライで逆転できる」「（5点なら）トライで追いつける」「（6点なら）トライとコンバージョンが決まれば逆転できる」というモチベーションを与えた上に、相手のキックオフで自陣に戻ることを意味します。

ワンプレーで逆転されるかもしれないプレッシャーを受けて自陣で守ることになると、リードしているにもかかわらずかなりの重圧になります。その意味では、点差を広げて自陣に戻るよりも、僅差《きんさ》であっても相手陣深くステイして時間を使い、タイムアップを待つという選択肢もあります。そのために大事なのは、ボールキープ力と反則をしない規律です。

これは、リードされているときも難しい判断になります。例えば、2点リードされての残り時間5分、相手ゴール前でPKを得た場合、PGで逆転したとしても、リードは1点で自陣に戻ることになる。相手は4分の間にPGまたはDGをひとつ決めれば逆転可能です。

とはいえ、スクラムやラインアウトを選択して攻め続けたとしても得点できる保証はありません。スクラムやラインアウトで優位に立っていれば、あくまでトライを狙うという考え方もあるかもしれないけれど、まずはスコアで上回ることがセオリーというか鉄則です。一方で、「ショット」（PG）を選択した場合、ルールでは「ゴールを狙う意思表示から60秒以内に蹴らなければならない」とされています。つまり逆にいえば、60秒を消費することができるということです。これは、残り時間が5分を切ったような時間帯ではとても大きな心理的プレッシャーを相手に与えます。

逆転されてキックオフを蹴る側から考えれば、相手陣には入れるけれど、キックオフボールを確保するのは簡単ではありません。相手が捕った場合、ボールを奪い取るか蹴らせる必要があります。再獲得までに時間がかかるほど残り時間は減り、ますますプレッシャーがかかるわけです。

ここには一般論としてあげられる「正解」はありません。そのときの両チームの疲れ具合などのコンディション、ディフェンスの強さ、ラインブレイク能力の高低、ボールキープ力は高いのか、長いキックを正確に蹴ることができる選手はいるのか……たくさんの要素が絡み合って、それぞれのオプションの成功確率（期待値）は変化します。

▼歴史に残る日本対南アフリカ戦

多くのファンが記憶しているでしょう、2015年ワールドカップの日本対南アフリカ戦は、まさにそこの判断が結果に大きく影響したゲームでした。

29－29の同点で迎えた72分、南アはゴールポストほぼ正面5mのPKを得ました。残り時間は約8分ありましたが、南アはここでPGの3点を選択しました。冷静に考えれば、南アはFWのサイズとパワーで上回り、ボールを失う可能性は低いはずです。しかも位置は相手ゴール前5mで、残りは8分。時間を費やしてでもトライ&コンバージョンの7点を狙うのが「妥当な選択」に思えますが、この日の南アはそう考えることができませんでした。日本代表の予想以上の善戦が、南アをパニックに陥れていたのでしょう。結果、南アは最少得点の3点と引き替えに自陣に戻ることになりました。そして、次のキックオフから相手陣に攻め込んだ日本は、みなさんがよく記憶している通り、80分にゴール前でＰＫを獲得。ＰＧを狙えば32－32の引き分けになるところで日本はあえてスクラムを選択、ここから7次攻撃までボールを動かし、84分にカーン・ヘスケス選手（宗像サニックスブルース／当時）が劇的なサヨナラトライ。歴史的な勝利をあげました。

この場面にはいろいろな要素があったと思います。南アは相当疲労していましたが、それは日本も同じ。ただ、負けるわけがないと思っていたのに大苦戦している南アと、歴史的な勝利をつかみかけている日本では、疲労している中で出せるエネルギーに違いがあった。強気のチョイスをしたことが、日本の力をさらに高めたのに対し、南アは弱気のチョイスをしてしまったことで、ますます負のスパイラルに陥っていたのだと思います。

そして、ここではラスト5分間、3点差をめぐる攻防を例に出して紹介しましたが、勝負の時間帯はそこに限りません。たとえば14点リードされていた試合の中盤、絶好のトライチャンスがあったとします。トライ、コンバージョンも決まれば7点が入り、ワンチャンスで追いつける7点差になる――そう目論《もくろ》んだ場面で、たとえばＰＫがノータッチになってカウンターアタックを浴びたり、パスをインターセプトされて独走されたり、トライを狙ったスクラムでコラプシングの反則を取られ、そこから速攻を浴びたりして、トライ&コンバージョンの7点を取られてしまうと、7点差に迫るはずだったのが逆に21点差まで広がってしまいます。失点の重みという意味では、7点ではなく14点分の重みを持つケースもあるのです。

では、ここまで整理した上で、次節では、試合の結果に大きな影響を与える、試合の流れを変えてしまう要素を考えていきたいと思います。

7 ゲームの流れを変えるもの

▼反則における4つの原則

ゲームの流れを変える要素のひとつに、「反則」があります。

反則について細かく触れる前に、ラグビーにおける反則とはどうして起こるかを大まかに整理します。

ラグビーには4つの原則があり、それを破った場合にペナルティが科されます。4原則とは下記の通り。

①ボールの前でプレーしない（オフサイド）
②倒れてプレーしない（倒れ込み、オーバーザトップ、オフフィート、ノットリリースザボール、ハンド）
③ズルをしない（オブストラクション）
④超危険なことをしない（ハイタックル、コラプシング）

▼ラグビーの反則に名前はない

カッコ内に、それに相当する反則の呼称を書きました。ただ、実は反則の呼称は、正式なものではありません。ルールブックには反則名は書かれていないのです。
たとえば「スクラム」については こんな記述があります。

プレーヤーは、まっすぐ、かつ、地面と平行にならば、押してよい。罰：ペナルティ
（競技規則19　スクラム　19）

ここに書かれていることは、スクラムを組むための原則で、これを破った場合の「罰」がペナルティであるといいます。スクラムの安定を損なう、崩れる原因を作るという意味で、場内放送やテレビの解説では「コラプシング」という言葉が使われます。テレビ放送ではレフリーマイクの音声が聞こえる場合もあり、レフリーによって「コラプシング」や「アングル」といった総称的な言葉を使っていたり、「1番が肘《ひじ》を引っ張っている」というように具体的な行為について説明したりしていることが分かります。

これは、ラグビーでよく耳にする「ノットリリースザボール」や「オーバーザトップ」などについても同様です。つまり、ラグビーの反則には「正式名称」ではなく「原則」があるのです。

▼反則の種類

また、前述の4つの分類以外にも反則の分類方法はあります。よく言われるのが「やむをえない反則／防げる反則」です。

最たる例がノットロールアウェイとオフサイドです。たとえばブレイクダウンで密集の下敷きになって、そこから出ようともがいているときに相手のボール出しを妨げてしまうことがノットロールアウェイですが、これはある程度やむをえません。それに対して、キックオフのときに味方のキッカーが蹴るよりも早く走り出してしまう、あるいは後ろにいる味方がキックを蹴ったとき、前方にいるのにふらふらと前に出てしまう……といったオフサイドは、意識すれば防ぐことのできる反則です。これが自陣での反則であれば直接PGの3点になる。ハーフウェー付近での反則でも、相手のタッチキックで自陣のゴール前ラインアウトまで持ち込まれてしまう。意識すれば防ぐことができた反則で直接失点につながってしまうことがあります。反則をしないことをラグビー界では「ディシプリン（規律）」（が高い）という言葉で表現したりしますが、このような反則をしないことはその第一歩です。

もうひとつ、偶発的な反則というのも存在します。たとえばスクラムはとても繊細な要素を持っているので、崩れる原因をどちらが作ったかの正確な判定は難しい。しかし、ラグビーにおいて「レフリーは事実の唯一の決定者」であり、決定をレフリーに託すことで初めて競技が成立します。その意味で、スクラムは実はリスキーな要素を含んでいるのだという認識を持つことも必要だと思います。

偶発的な要素としてもうひとつ大きな意味を持つものに「危険なプレー」の判定があります。

近年、ラグビーは世界的に安全面、選手のウェルフェア（厚生）を重要視する方針が強化され、安全を損なう、負傷を招きかねない、危険なプレーに対しては厳罰を科す方向に進んでいます。特に頭部へのコンタクトは、たとえ偶発的なものであっても原則として退場処分の対象としています。

ただ、難しいのは、ラグビーでは選手間に体格差があり、相手の姿勢も動くということです。正当な高さと姿勢でタックルに行ったはずなのに、相手が身体を沈めたり、横に動くことで、自分の肩が相手の顔面や顎にあたることもありえます。そんな、不可抗力に思える場合でも、現在はレッドカード（退場）の対象になるのです。近年は危険なプレーの判定にはＴＭＯ（テレビジョン・マッチ・オフィシャル＝ビデオ判定）が使用されますが、スロー映像で見ると、危険と判断されることがどうしても多くなってしまうのです（相手の姿勢に変化があったなどの軽減要因が認められると、イエローカード＝シンビン＝10分間の退出処分に「軽減」されることもあります）。

とはいえ、世界ラグビーの安全重視の姿勢は変わりませんし、当然のことでもあります。選手にできることは、相手が姿勢を変えてもハイタックルなど危険なタックルと判定されないよう、低い姿勢とバインドを徹底すること、習慣づけることです。反則の多いチームは、ラグビーというゲームをお互い安全に楽しもうという共通ルールを破っているということなのです。

ラグビーはそもそも激しいスポーツであり、鍛えられた選手だからこそできる、危険とも紙一重のスポーツですが、だからこそ安全性の担保には最善を尽くさなければいけません。

もちろん、危険なプレーをしたと判定される選手にも、意図的に危険なプレーをしている選手はまずいないと言っていいでしょう。ただ、無意識であっても危険なプレーには厳罰が下るのです。

そして、タックルとは相手を「捕まえる」行為と規定されています。捕まえようとしない体当たり（ショルダーチャージ、ノーバインドタックル）は、それが相手にダメージを与えたか与えなかったかという結果にかかわらず、そもそも反則です。

▼ペナルティの重さ

また、ペナルティが試合に与える影響度についても考えていきたいと思います。

ラグビーにおけるペナルティは大きく分けると、アタックでのペナルティとディフェンスでのペナルティがあります。また、地域で分けると自陣でのペナルティと相手陣でのペナルティがあります。

この中で、相対的に「やむをえない」度が高いのは「自陣でのディフェンス」でのペナルティです。もちろん避けたいものではありますが、自陣でのディフェンスは、そもそも失点する確率が高い。それで失点したとしても、極端に言えば、早いか遅いかの違いしかない。

逆に、最もダメージが大きいのは「相手陣でのアタック」でのペナルティです。相手陣に入っているということは、得点できる可能性が高い（相手ゴールに近づいていればなおさらです）。その状態でペナルティを犯すということは、スコア的な意味合いで言えばゼロではなく、取れるはずの点が取れなかったという意味でマイナスに相当するのです。

そして、相手陣でのディフェンスで犯すペナルティは、ニュートラルな状態から自陣に戻されることになるため、失点の可能性が上がります。自陣でのアタックで犯すペナルティは、ニュートラルな状態から直接失点するピンチに変わることを意味します。この2つも、ゲームの流れを大きく左右します。

整理すると、ダメージの重い順に、左記の通りです。

①相手陣でのアタック時のペナルティ
②自陣でのアタック時のペナルティ
③相手陣でのディフェンス時のペナルティ

④自陣でのディフェンス時のペナルティ
（もちろん、チームの状況や点差、風など、いろいろな条件でこの目安は変動します）

▼アタック時のペナルティ

では、最も避けなければいけない「アタック時のペナルティ」とは、どういうときに生まれるのでしょうか。多いパターンは、相手にタックルされ、倒れたのにボールを離さない「ノットリリースザボール」、相手のジャッカルが決まったときにおこります。また、サポートについた選手が自立できていないことによる反則（オフフィート、オーバーザトップなどと呼ばれます）もよくあります。

これらの反則は多くの場合、ボールキャリアーが孤立することで生まれます。相手のタックルで倒された場合（膝をついた形を含む）、ボールキャリアーは速やかにボールを離さなければなりません。コンタクトが発生したあと、1歩でも2歩でも前進してから倒れるのなら、後方から味方がサポートに入れる時間に猶予ができますし、「ゲート」と呼ばれるコンタクトエリアへも入りやすい。しかし、コンタクトしたその場ですぐに倒れると、オフサイドラインが手前に設定されてしまい、味方のサポートがオフサイドになりやすく、また、オフサイドを犯さないようボールキャリアーの真後ろを経由して密集に入るとタイミングが遅れてしまい、相手にジャッカルされやすくなります（左図）。

もうひとつありがちなパターンは、ボールキャリアーがフルパワーであたりすぎることです。相手ディフェンスの隙間を抜こうとして、あるいはタックルそのものを突き抜けようとして、フルパワーで行く選手はよくいますが、それで抜けるケースばかりではありません。フルスピードで走ることにエネルギーを使えば、ボールコントロールに割く力が相対的に減ってしまい、ボールコントロールを失いやすく、また、サポートにつくはずの味方からも離れてしまい、サポートが遅れ、孤立することによりターンオーバーされることにつながりやすいのです。

試合の解説でも、あるいはグラウンドでピッチサイドにいるコーチからも、「サポートが遅い」という言葉がよく聞かれます。しかし多くの場合、サポートが遅れるのはサポーター本人の怠慢とかやる気の問題とかよりも、ボールキャリアーのコンタクトと、そのアタックのシステムが原因となっているのです。アタックの設計が優れたチームは、コンタクトに際して複数のレシーバーをデコイとしてポジショニングさせ、相手ＤＦのマークを引きつけることで、実際のボールキャリアーが多くの相手ＤＦに囲まれる状況を作らせないようにしています。孤立する状況を作らないためには、ＤＦが分散するようアタック側が多様なオプションを同時に仕掛け、またサポートが遅れないよう、高度に設計する必要があるのです。

▼ジャッカルはペナルティになりやすい

その一方で、ディフェンス側が劣勢を一気に挽回《ばんかい》するジャッカルも両刃の剣です。ジャッカルは、ボールキャリアーを自陣側に引き込みながら絡むことで成功する確率が上がりますが、体勢を低くするため、自立できず倒れやすく反則を取られてしまうことがあります。この一つのペナルティがチームの劣勢に繋がるため、一つ一つのプレーには細心の注意を払わなければならないのです。

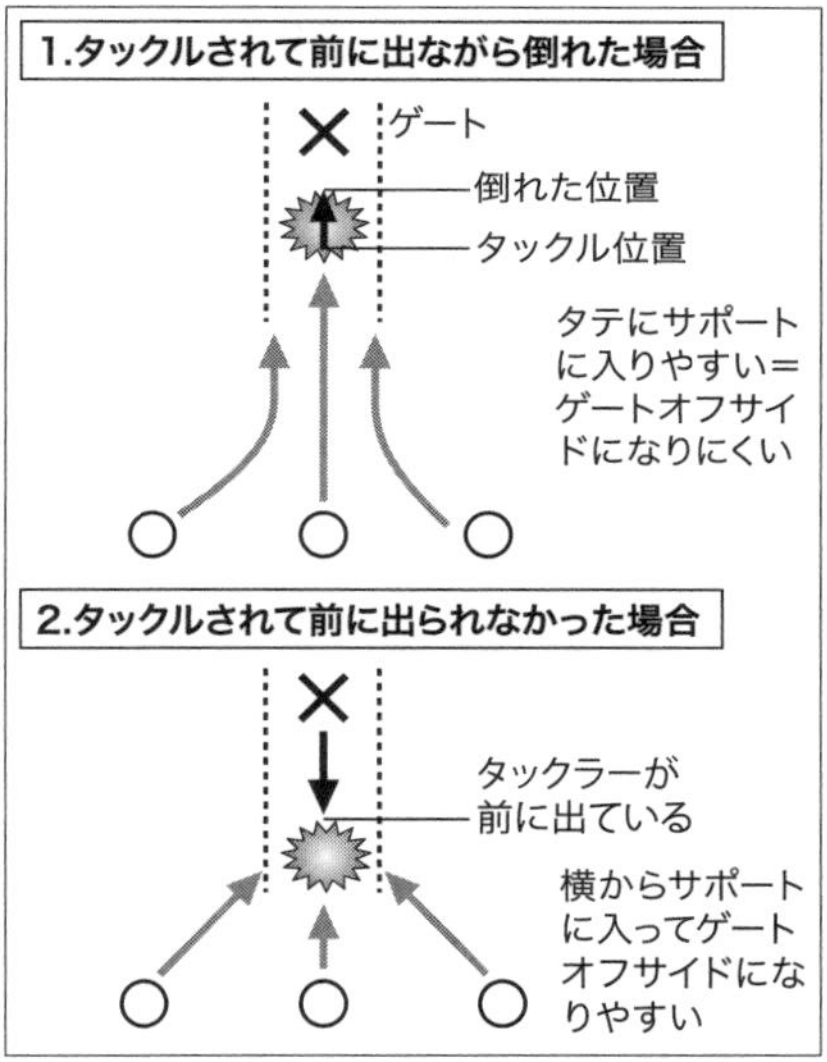
1.タックルされて前に出ながら倒れた場合
ゲート
倒れた位置
タックル位置
タテにサポートに入りやすい＝ゲートオフサイドになりにくい
2.タックルされて前に出られなかった場合
タックラーが前に出ている
横からサポートに入ってゲートオフサイドになりやすい

▼ゲームチェンジャー／Xファクター

ゲームの流れを変える要因のもう一つは、「ゲームチェンジャー」の存在です。ゲームは往々にして膠着《こうちゃく》します。まして、決勝のようなお互いにプレッシャーがかかり、慎重になってしまう試合では、なかなか均衡の崩れない展開になりがちです。海外、特にシックス・ネイションズのようなテストマッチでは、ひたすら互いにPGの3点ずつを積み上げていくような展開になる傾向があります。

そんな展開を変える可能性を秘める存在が「ゲームチェンジャー」「Xファクター」と呼ばれる選手です。海外では「インスピレーショナルプレーヤー」「フレア（閃《ひらめ》きがある）」などと呼ばれます。どの呼び方からも「霊感」や「直感」、「想像力」「創造力」といった要素が連想されます。彼らは、端的に言えば、チームルールを超えた存在。あえて定義するなら「事前に準備したチームのプラン、セオリー、ストラクチャーにはなかったプレー選択が許され、それを成功させる選手」ということになるでしょう。

僕は、大事なのは、この「成功させる」という部分だと思っています。チームは基本的に、事前に決めたプランを全員で遂行することを前提に動きます。誰かが予定外の動きをしたとき、それに瞬時に反応して、サポートにつくのは簡単ではありません。よって「約束を破るなら絶対に成功させる」ことが必要となります。例えば「絶対に飛び出さないディフェンス」をルールにしているときに、相手のパスをカットするインターセプトを狙って飛び出すのはルール違反です。その選択が許されるのは、実際に相手パスをカットしてインターセプトを成功させて、そのままトライを取りきることができる場合です。結果論といわれそうですが、チームのルールを逸脱することはリスクも高いため、大きなリターンが必要になるのです。

▼予定外の動きを共有する

とはいえ、「成功」はトライとイコールとは限りません。アタック時であれば、ゲインすることでチャンスを広げることができれば「成功」と呼べるかもしれません。このへんはコーチの考え方次第です。いずれにせよ、Xファクターがチームで機能するためには、その存在がチーム内で認められていることが必要条件になるでしょう。Xファクターの選択がどんなに的確でも、味方のサポートがなく、孤立してしまっては、ボールをキープし続けるのは困難になります。

それでもXファクターが求められるのは、相手との力関係に差がなければ、事前に立てたゲームプランでは優位性を作れず試合が膠着することがラグビーでは珍しくないからです。将棋の千日手と同じです。じゃんけんでいえばひたすらグーとグーを出し合って、あいこのままじゃんけんをし続けるようなものです。そういうゲームを変える可能性があるのが、このXファクターなのです。

Xファクターとして、思いつく選手の名前をあげると、少し前だと小野澤宏時《おのざわひろとき》さん（サントリーーキヤノン）、現役では山田章仁《やまだあきひと》選手（九州電力キューデンヴォルテクス）、堀江翔太選手、竹山晃暉選手（埼玉パナソニックワイルドナイツ）が典型的だと思います。意外性のあるオプションを選択して、それを成功させて、ゲームの流れを自分たちに持ってくるタイプです。中でもFW第1列の選手とは思えない多くのオプションを持ち、キックも飛ばしパスも操る堀江選手は現代ラグビーにおけるXファクターの典型かもしれません。しかもタフなハードワークもできるという点で、相手としては最も守りにくいタイプでしょう。小野澤さんはインターセプトトライの名手でしたが、現役の竹山選手にもそのテイストを感じます。誰も想像しなかった角度からトライチャンスを創造する嗅覚《きゅうかく》の持ち主と言えばいいでしょうか。オールドファンの皆さんなら、今泉清《いまいずみきよし》さん（早稲田大学ーサントリー）のプレーを連想するかもしれません。

とはいえ、Xファクターだけたくさんいてもチームが勝てるとは限りません。チームのベースはやはり、チームプランを強度高く精度高く遂行するハードワーカーです。相手が予測していないセオリー外のオプションは、ハードワーカーが作ったゲームのベースがあるから威力を発揮する。そして、セオリー外のことをやりすぎると、チームの規律が保てず、チームが崩れかねない。チームは基本的には試合でどんなプレーをするかを想定して練習しているのですから。

また、Xファクターがチームの仲間に理解されず孤立してしまっても、チームにとってマイナスになります。Xファクターの選手に反応できる理解者もチームには必要です。Xファクターをどれだけ許容できるかは、チームの深みを作ると言えるでしょう。

一方で、たとえば、たくさんトライをあげたり得点を重ねたりした大畑大介《おおはただいすけ》さん（京都産業大学ー神戸製鋼）や五郎丸歩さん、福岡堅樹さん（筑波大ーパナソニックワイルドナイツ）は、意外性というよりは、正統派のオプションを強度高く遂行し続けたタイプだと思います。意外性のあるプレー選択をしてもオーラがあるから意外に見えない。ただ、本当にトップレベルの選手は、一般的でないチョイスを誰かが下したときに即座に反応もできます。

先に「誰かが予定外の動きをしたとき」と書きました。この「予定外の動き」が、チームの誰にも共有されていない、まったく初めての、想定外のプレーなのか、それとも第2、第3の選択肢として共有されていたものなのか。これも、大きな違いを生む要素です。つまり、チームがあらかじめ、予定していた策以外のプランB、プランCをどれだけ持てているか。あらかじめ用意していたプランBあるいはCを選択したときに、どれだけ多くの味方が反応できるかが、選択したプランが成功するかどうかを左右するカギになるでしょう。

それを成功させるためのカギは、ひとつはコミュニケーション。どれをチョイスするかを速やかに周りに伝え、意図を共有することです。

もうひとつは、判断基準の共有です。判断した結果を伝達する以前に、目の前で起こった事実を把握した時点で、どれを選択するかを理解できること。もちろん判断結果の伝達は大事ですが、「ここで相手がこうなっていたらプランB」という基準を共有して、情報の到着を待たずに各自が最適な判断を下して動き出せれば、そのチームはそれだけ早くサポートにつくことができます。

こうしてゲームの進行の多くの部分が選手同士で共有されていけば、チームは意志を持った生き物のように動けるでしょう。そうなったとき、Xファクターは、より安心して大胆なチャレンジを選択できるのです。

▼キャプテンシーと意志決定システム

ラグビーは数あるスポーツの中でも、キャプテンの存在が大きく重要な位置を占めると言われます。キャプテンは多くのスポーツに存在しますが、「キャプテンシー」という言葉は他のスポーツではあまり使われません。キャプテンシーの「シー」は、デモクラシーの「シー」に相当するといいます。つまり、スポーツチームのリーダー像というよりも、政治形態、意志決定システムを指す言葉なのです。大事なことは選挙や多数決で決めるのではなく、キャプテンが決める。反則のところで「レフリーは事実の唯一の決定者」であると書きましたが、「キャプテンはチームの唯一の意志決定者であり、その意志を周囲に伝える者である」と言えます。

最も象徴的なのは、２０１５年のワールドカップ、南アフリカ戦で、リーチマイケル主将（東芝ブレイブルーパス）が試合の最後の場面で見せたＰＫのスクラム選択でしょう。「ブレイブ・チョイス」（勇敢な選択）や「ブレイブ・コール」（勇敢な宣告）と表現された、あの選択です。このときエディー・ジョーンズＨＣは、ウォーターボーイへの無線を通じて「ショット！（ＰＧを狙え）」と指示していましたが、リーチ主将はそれを無視して「スクラム」とレフリーに伝えました。エディーＨＣはインカムをたたきつけて怒りましたが、結果はスクラムからの7次攻撃でカーン・ヘスケス選手が逆転トライを決め、過去24年間無勝利だった日本が優勝2回の（その4年後に3回目の優勝を飾る）南アフリカを破る大金星をあげるわけです。試合後、エディーＨＣは「勇敢な選択をしてくれた」と、自身の指示に背いたリーチ主将を称《たた》えました。

たとえば、野球なら監督／ＨＣが直接審判に選手の交替を告げます。極端な場合は１球ごとに「待て」「バント」などと指示をします。ラグビーでも近年はインカムで指示を送る例がありますし、選手交替はＨＣがコントロールしますが、現場でのプレー選択は選手が決定し、レフリーにその意志を伝えるのはキャプテンです。実際の試合の音声を聞いていると、キャプテン以外の誰かがレフリーに「スクラムで」と言ったときに、レフリーがわざわざキャプテンを呼んで、意志を確認する場面があります。

野球やバレーボールなどでは、キャプテンがレギュラーではないことも珍しくありませんが、ラグビーではほとんどありません。仮にチームのキャプテンが試合に出ていないなら、ピッチの中の誰かがキャプテンを務めなければなりません。代行であれなんであれ、キャプテンはチームの意志を決定し、レフリーに伝える必要があるのです。

ラグビーにおけるキャプテンの重要さは、普段からの時間の積み重ねとも関係しています。ラグビーでは伝統的に（近年はコロナで行われない例が多くなっていましたが）「アフターマッチファンクション」という行事があり、試合を終えた両チームの選手は正装（多くの場合はブレザーです、近年はポロシャツなどのチームウェアで代用することもあります）で集まり、食事会を開いて交流し、互いの健闘を称え合う時間を持ちます。このとき、キャプテンにはスピーチが求められます。ラグビーにおけるキャプテンには、試合を行うピッチの上での統率力だけでなく、社交力も求められる。それはラグビーが、英国の中流階級（アッパーミドル）以上に広がったスポーツであり、スポーツ自体が社交の場だったことから来ているといいます。

そういう背景も鑑《かんが》み、ここではキャプテンの役割を、ラグビーチームのゲーム統率、および（試合に限らず普段の活動も含めた）チームの統率、と限定して話を進めます。

▼統率力とは何か

キャプテンシーつまりキャプテンの統率力の強さは、キャプテン自身の人格・実績に影響されます。当たり前かもしれませんが、厳しい場面をたくさん経験し、チームを勝利や成功に導いてきたキャプテン経験者は、その経験と実績で周囲から認められ、リスペクトを受けます。経験と実績は本人の自信にもなりますし、周囲からは信頼が寄せられます。その相乗効果でチーム内のキャプテンへの信頼が高まると、チームはより一体感を持って動けるようになります。

微妙な言い方になりますが、ラグビーのキャプテン像、チーム作りの興味深いところに、「正しい」ことがいつでも最優先されるわけではない、ということがあります。時として、理論的には間違っている（ベストではない）選択でも、チーム全員がその選択を信じて遂行すれば成功することがあります。そうなればそれは「成功」以外の何ものでもなくなります。２０１５年の日本対南アフリカ戦についていえば、エディーＨＣは確率的に、日本が負けずに済む可能性が高いオプション＝ＰＧを選択しようとしました。でも現場の意志決定者であるリーチ主将は「ここで勝つために苦しい練習を重ねてきた。だからリスクがあっても勝つための選択をする」という強い意志を持っていたし、それはピッチにいる全員に共有されていたのです。

そして、このようなギリギリの場面で、チーム全員の心がひとつになるような瞬間が訪れたとき、チームという生き物は予測できなかった力を発揮することがあります。このエモーショナルな要素もスポーツの面白さであり、僕自身はラグビーの魅力だと思っています。

▼近年のトレンド　共同キャプテン

「キャプテンシー」について、もう一つ触れておきます。それは「共同キャプテン」についてです。

近年は国際リーグでも、国内のリーグワンや大学でも、共同キャプテン制を採用するチームが増えてきました。日本代表ではジェイミーHCが着任した2016年に立川理道《たてかわはるみち》選手（クボタスピアーズ）と堀江翔太選手が、サンウルブズでは2018年に流大《ながれゆたか》選手（サントリーサンゴリアス）とヴィリー・ブリッツ選手（NTTコミュニケーションズシャイニングアークス）が共同キャプテンを務めました。

共同キャプテン制は、分業制が進んだ現在のラグビーの姿を反映しているといえます。現代のラグビーでは情報分析が進み、試合に向けて選手がインプットしなければならない情報量が飛躍的に増えました。キャプテンが決断を下すための材料として頭に入れておかなければならないものは本当にたくさんある。それは各ポジションの専門的な分野にも及びます。その一方で、従来のようなエモーショナルなファクターの重要さも残っており、キャプテンに求められる要素は多くなりました。しかし、チームの意志を決定する唯一の存在という条件は変わらない。焦らず考えようとしても試合時間は限られています。

そこで考案されたのが共同キャプテン制です。キャプテンに求められる要素を分割し、複数のリーダーでシェアしようという考え方です。

「キャプテン」には先頭に立って強い風に立ち向かっていく、荒波の中を突き進んでいく……というようなヒロイックなイメージがありますが、共同キャプテン制には実際の機能面、試合におけるリーダーの補完性という、実用的な面でのメリットがあると考えられているようです。近年はリーグワンでもこの制度を導入したチームが増えてきました。

とはいえ、主流になったとまでは言えず、共同キャプテンから単独キャプテンに変更した例もあります。これにはキャプテン自身のキャラクターも、キャプテンを支える周りのリーダー、チームの基盤を支える多くのチームメートが持っているキャラクターも影響してくるので、「これが正解」という答えを出すことは困難です。

僕自身の認識は「キャプテンが自分の仕事に集中するために、ひとりですべての役割を果たすよりも他のリーダーが必要な場合は、共同キャプテンはアリ」です。もちろん、従来のバイスキャプテン（副将）という位置づけでも機能を果たせる場合もあるので、「共同キャプテン制」がここでの唯一の解決策とは限りません。そのチームに合った存在があればいい。共同キャプテン制であることがキャプテンの心理的負担を減らすのであればそれを採ってもいいし、あえて負担を課すことでキャプテンとしての成長を促すこともあるでしょう。

▼良いキャプテンの定義

では、「良いキャプテン」とはどういうものでしょうか。

これも、客観的な「正解」のない設問だと思いますが、僕自身の定義を紹介すると「誰よりも、そのチームの目標に向かおうとしている選手」となります。

これは僕自身の経験から来ている考えです。

僕は神戸製鋼に入って3年目の2007年度に、キャプテンを任されました。キャプテンになった1年目は「正しいことを言う」タイプでした。でもそれではチームは動かなかった。チームの中で議論が生じたとき、僕は自分が正しいと思っていたため、いつも相手を論破していたのです。もしも相手が正しいなら僕を論破すればいい。意見をぶつけ合えば正しい方が勝つ。チームはそれで正しい方へ進むと考えていました。でも、それではチームにならなかったのです。

HCならそれでもいいかもしれません。でもキャプテンは、チームのみんなと同じピッチに立って、一緒に戦う仲間なのです。意志決定者ではあるけれど、あくまでも現場で戦うメンバーと同じ立場です。そのキャプテンは、チームでやろうとしていることを、誰よりも実行している、誰よりもチーム愛を持った存在でなければいけません。

僕は1年目の失敗を経てそれに気づいて、2年目は、誰が正しいかではなく、まず自分が先頭に立って目標に向かっていくという考え方に変わりました。

各地の高校やラグビースクールの方と話していて、よく聞かれるのが「キャプテンに向いているポジションはどこでしょうか」ということです。

僕が思っているのは、「ラグビーのキャプテンはFWがやるべきだ」ということです。自分の経験から言っても、BKのキャプテンはちょっと説得力が足りないというか、とにかくFWのキャプテンには説得力があって、チームが本当にひとつになると実感する場面がたくさんありました。神戸では松原裕司《まつばらゆうじ》さん、日本代表では箕内拓郎《みうちたくろう》さんがキャプテンのチームを経験しましたが、FWの選手は文字通り先頭に立って、事実ベースで戦っています。「勝利に向かってチームの先頭で戦っている」。その姿はチーム全員を本当に奮い立たせるのです。ですので、基本的に「ラグビーのキャプテンはFWであるべきだ」と思っています。

▼キャプテンの言葉はチームを動かす

もうひとつ、キャプテンには違う要素も求められます。それは「言葉を抽出する力」です。

ラグビーで勝利してきた多くのチームには、チームをひとつにする言葉、スイッチを入れる言葉がありました。僕がいた当時の清宮監督率いる早稲田大学は「アルティメット・クラッシュ」、その後のサントリーは「アライブ」という合い言葉を使いました。

２０１９年ワールドカップ日本代表の「ワンチーム」もそうでした。それらの言葉には、コーチが事前に作ったスローガンも含まれますが、ゲームの中で、その瞬間に最も相応《ふさわ》しい言葉、チーム全員にスイッチの入る、たくさんの反応を引き出せる言葉を発することができれば、それはもっと効果的でしょう。

有名なものでは、１９８８年度に神戸製鋼が初めて日本選手権に出場したとき、国立競技場のピッチに出る前の円陣で、キャプテンだった平尾誠二さんが言った「みんなでエエかっこしようぜ」というものがあります。神戸製鋼は国立競技場の日本選手権、6万の観衆の中で試合をするのは初めて。平尾さんや林敏之《はやしとしゆき》さん、大八木淳史《おおやぎあつし》さんといったスター選手はいたものの、チームとして大舞台に臨むのは初めてでした。その条件下で選手たちからプレッシャーを取り除き、ポジティブな気持ちに向かわせる素晴らしい言葉だったと思います。

チームを愛し、先頭に立って身体を張る。良い言葉を発することができる。そして、できればＦＷ。

それが、僕の考える理想のキャプテン像です。

第3章

実践編

~リーグワン決勝の実例でたどる勝利へのシナリオ~

▼ワイルドナイツが陥ったミスの連鎖

さて、僕が考えるラグビーの見方、とらえ方、考え方を一通りお伝えした上で、2022－23シーズンで最も解説の難しかった、言い換えると面白く、学びがあった試合、リーグワンプレーオフ決勝のスピアーズ対ワイルドナイツを振り返ってみたいと思います。

試合を見終えたときの僕の第一印象は、「解説は難しい試合だな……」というものでした。それは、ワイルドナイツのミスが多かった、多すぎたためです。「スピアーズが勝った」というよりも「ワイルドナイツが負けた（自滅した）」という印象でした。

普段のワイルドナイツなら絶対に逃していないはずの大チャンスで、単純なミスでトライを逃す――そんな場面が一度や二度ではなく何度もありました。試合が始まって1分のプレーで、松田力也選手が立川理道選手に逆ヘッドでタックルしてしまって衝撃を受け、PGを外したりしたことも影響したかもしれません。とはいえ、松田選手が絡んでいない部分でも、ワイルドナイツは細かいミスを何度も何度も繰り返しました。試合巧者で大舞台での経験豊富なワイルドナイツには考えられないミスを連発したのです。

一方のスピアーズは、トライは最後に立川理道選手から木田《きだ》晴斗《はると》選手にキックパスが通った1本で、あとはSOバーナード・フォーリー選手のPGだけでしたが、チャンス（射程圏内での攻撃）は全部スコアに結びつけました。スピアーズはほぼ100％の力を出したのに対し、ワイルドナイツはミスだらけの試合をして、その結果が2点差でした。しかもワイルドナイツのミスは、スピアーズの強い圧力によって発生したものではなく、自分たちのミス、エディー・ジョーンズがよく言っていた「アンフォースト・エラー」（相手の力によらない＝自分たちのエラー）でした。

これだけをみれば「自滅」と呼びたくなります。実際、こういう現象はラグビーでは「よくあること」というか、珍しくはない。多くの場合、「決勝のプレッシャー」とか「連覇のプレッシャー」、「目に見えないプレッシャー」がチームを狂わせた、という言い方をされます。「ラグビーあるある」「決勝あるある」という感じです。

実際、この日のワイルドナイツはいつもと違っていました。それを象徴していたのは前半16分、自陣でターンオーバーしてからのカウンターアタックで、左オープンにボールを展開した場面です。AT（アタック）／DFの枚数は3対1の絶対的優位（その奥にもうひとりDFがいましたが）。その決定的な場面で、CTBディラン・ライリー選手からFB野口選手へのパスが乱れてチャンスを逸してしまいます（その外にはコロインベテ選手が余っていました。パスが通っていればトライだったでしょう）。

この場面で僕が感じたのは、「今日のワイルドナイツはフルスピードになってしまっているな」ということでした。

僕がいつものワイルドナイツですごいなと思うのは、「フルスピードで走らないこと」です。フルスピードで走ると、パスを出すのも難しいし、コンタクトしたときにボールをコントロールするのも難しい。そこからスピードを上げてＤＦを幻惑することもできません。

それよりも、ボールキャリアーが少しスピードを落とせば、それだけでアタック側のオプションは増えます。パスを出すにしてもコントロールは容易になるし、コンタクトするにしても相手の動きを見極められるのです。コンタクトまでの時間を確保できれば、ブレイクダウンをコントロールでき、複数のオプションを持てます。相手を迷わせることができる。つまり〝後出しじゃんけん〟ができるのです。ところが自分たちのスピードを上げすぎると、オプションが減り、コントロールが難しくなります。ボールキャリアーが１００％で走れば、サポートも１００％で追わなければなりません。１００％で走れば、パスを捕るレンジも狭くなります。「ちょっと前め」や「ちょっと後ろめ」にずれたパスを捕れなくなる。〝後出しじゃんけん〟どころか〝先出し〟してしまうことになる。それがわかっているから、普段のワイルドナイツはスピードを抑えめにしているのだと思います。

でも、この日のワイルドナイツは「スピードオーバー」してしまい、結果としてパスミスが多発してしまった。それはなぜかを考えてみます。

そこで確認しておきたいのが、スピアーズ側の試合の組み立てです。

スピアーズはリーグワンで最多得点をあげました。対するワイルドナイツはリーグワン最少失点。各メディアは「究極の盾・矛対決」と呼びました。しかし、スピアーズは決して（サンゴリアスやブレイブルーパスのような）ポゼッション＝ボールキープを指向するスタイルで戦ってきた（得点してきた）チームではありません。スタッツを見ると、スピアーズはリーグワンで最多のトライをあげているだけでなく、PG成功数でも最多だった。スピアーズは、どちらかというとキック＆ラッシュ、大きなFWが前に出て優位性を作り、ボールをつなぐのが真骨頂です。

ただ、直前の準決勝、サンゴリアス戦ではポゼッション重視で戦った。もしかしたら、ワイルドナイツはその戦い方を見て意識しすぎたのかもしれません。対するスピアーズは、相手のサンゴリアスに開始早々にレッドカードが出たことでポゼッション重視に切り替えた（そして苦戦した）準決勝の戦いを反面教師として、「決勝ではキッキングゲームを貫いた」と立川主将が話したそうです。

ともあれ、ワイルドナイツから見ると、相手は予想よりも蹴《け》ってきた。でもスピアーズから見ると、キッキングゲームはいつもの戦い方であり、キッキングゲームのレベル、遂行能力は非常に高かった。

その象徴は試合開始のキックオフからの攻防でした。

スピアーズのSOフォーリー選手が蹴ったキックオフは10m線ぴったりに落ちて、スピアーズのLO青木祐樹《あおきゆうき》選手が競りにいきます。ボールはワイルドナイツ側に転がりますが、ワイルドナイツはプレッシャーを受けてしまい、自陣ゴール前まで押し込まれてから蹴り返した松田力也選手のキックは、相手陣10m付近のノータッチになります。

これをハーフウェー付近から蹴り返したFBゲラード・ファンデンヒーファー選手のハイパントが強烈でした。日本国内では見たことがないほど高さがありました。ハイパントは高く上がるほど、すなわち滞空時間が長いほど風の影響を受けて軌道が変わり、捕球しにくくなります。しかもファンデンヒーファー選手のキックは回転数が少なく、よけい軌道が読めない。このキックを捕りに行った松田力也選手は、相手と競り合ってノックオンしてしまう。そして、そのスクラムからのアタックで、キャリーしてきたスピアーズCTB立川選手に対して逆ヘッドでタックル（相手選手の進行方向＝前側、お腹側に自分の頭を入れるタックル）をしてしまった。「逆ヘッド」とは、身体の最も強い部位である体幹の圧力が全部、タックラーの頭頸部《とうけいぶ》にあたり、脳震盪《のうしんとう》・頸椎《けいつい》損傷など重大な負傷につながるリスクがあるため、ワールドラグビーが世界的に禁止しようとしているプレーです。

ここではＨＩＡ（Head Injury Assessment）のチェックは入らず、松田選手はその後もプレーを続けたのですが、残念ながらプレーの精度は落ちてしまった――キックオフから最初の1分余りの攻防に、この日の主導権の奪い合いは凝縮されていたと言えるかもしれません。

松田選手が逆ヘッドタックルで強い衝撃を受けたのは、ワイルドナイツにとっては手痛いアクシデントでした。司令塔の10番でありながら強くタックルできるのは松田選手の優れた能力であり、チームから信頼される大きな理由です。その一方で、タックルに行く機会が多ければ、タックル技術が高い選手であっても負傷のリスクは生じてしまう。

逆ヘッドのタックルも、意図的にしたわけではありません。ただ、最前線に身を置けば、弾は飛んでくるわけです。

結果的に勝負を分けた理由には、ワイルドナイツの松田選手がコンタクトでダメージを受けてしまったのに対し、スピアーズの10番フォーリー選手はダメージをため込むことなくゲームの最後までクレバーにタクトを振り続けたことがあります。これは、スピアーズがディフェンスのとき、フォーリー選手を後ろに下げて、最も衝撃度の強いフロントラインのDFに立たせないようにしたことの効果でもあります。つまり、アクシデントが起きる可能性を未然に低くコントロールしていたわけです。

かくしてワイルドナイツは、いつもの試合ほどには自分たちを有利な状況に置けなかった。それは、自分たちを有利にするためのセットアップであるキッキングゲームで優位に立てなかったからです。キックの蹴り合いが続く場面が少なかったことについて、ワイルドナイツの選手からは「そこで優位性を作れなかったので、違うオプションを使った」というコメントが聞かれました。ワイルドナイツは最も得意とするキッキングゲームで優位性を作れず、プランBを使うことになってしまいました。その「いつもと違う感」が自分たちにプレッシャーをかけてしまい、普段ではしないようなミスを連発してしまった——のだと思います。

試合後の会見で、ワイルドナイツＨＯの坂手敦史《さかてあつし》主将はミスが多かった原因を問われて、「まだよく分からない。試合前の準備は悪くなかったたし、自信を持って試合に臨めた。ちょっと個々のプレーに走ってしまった感はあって、焦ってしまった面もあったけれど、相手も僕らもいいプレーは多かった。時の運もあったのかもしれない」と話しました。

このコメントは興味深いです。これまでワイルドナイツに負けてきた多くのチームから聞かれた台詞《せりふ》が、「なんで負けたのか分からない」でした。「走りに走らされて消耗して走り負けた、フィットネスで負けた」でも「フィジカルで破壊された」でも「想定していないプレーでディフェンスを崩された」でもない。要約すれば「よくわからないけど、うまく繋《つな》がれて隙をつかれて点を取られて負けた」という感じでしょう。そしておそらく、この日スピアーズに負けたワイルドナイツも、同じような感覚にとらわれていたと思います。言い換えれば、ワイルドナイツはいつも自分たちがやっているラグビーに敗れた。スピアーズは、優位で戦った前半も自分たちでトライを取ることにこだわらず、ＰＧで3点ずつを刻んでいって、最後はスコアの圧力でワイルドナイツのプレーの精度を狂わせた。いつもワイルドナイツがやっているラグビーそのものです。

実はスピアーズの田邉淳《たなべあつし》アシスタントコーチは、あるインタビューで、この試合について「すべてのキックはコンテストキック（両者が落下点に入って取り合うキック）にした」と話していました。準決勝までワイルドナイツが最も強みを発揮していたのは、互いに距離を取って蹴り合うキック戦でした。でもスピアーズは、ワイルドナイツの土俵に乗ろうとはせず、自分たちの強み（例：ファンデンヒーファーの滞空時間の長いキック＋チェイスしたときのフィジカルの圧力）を活《い》かすようにゲームをデザインしていたのです。

なにしろワイルドナイツは、田邉コーチが2018年度まで在籍していた古巣です。選手のキャラクターは掌握している。田邉コーチは自分がサンウルブズ、日本代表のコーチとして、選手としてはニュージーランドで、ワイルドナイツで、多くの判断材料を積んできました。

ただ、これほどスピアーズのゲームプランがうまくはまって、ワイルドナイツは司令塔が不調に陥り、ミスを連発しても、なお最終スコアはわずか2点差でした。これは両チームがラグビーの原則を理解し、高い次元でプレッシャーをかけ合った結果であり、日本ラグビー史上最高レベルの試合だったと言えるでしょう。

第4章

世界最高峰の戦い
～ワールドカップはここに注目～

▼ワールドカップ2023を日本代表はどう戦うか

さて、いよいよワールドカップが開幕します。日本代表はプールDに入り、チリ、イングランド、サモア、アルゼンチンの順番で対戦します。このプールで2位までに入ることが、8強進出の条件です。では日本は、どんな方法でこのプールの突破を図るでしょうか。対戦順に見ながら、どう戦うかをシミュレーションしてみたいと思います。

個々の対戦について考察する前に、日本代表のワールドカップの戦い方の総論について触れたいと思います。それは、日本代表は相手によって違う戦い方をするということです。

もしかしたら「そんなこと当たり前だろ?」と思う方がいるかもしれませんが、ラグビーで試合ごとに戦い方を変えることは非常に難しい。たとえば、早明戦ではBKにボールを散らす早稲田大学が、FWで上回れる力関係なので違う相手にはFWを前面に出した戦い方で勝負できるかというと、やり慣れていない戦い方はなかなかできないものです。世界を見ても、ニュージーランドにしてもイングランドにしても、ほとんどの強豪国はそれぞれの「らしさ」、固有のチーム文化を持っていて、戦い方も大きく変えることはありません。

しかし、日本はそうではない。

それは、日本が世界で戦う場合、体格的にも個人技でも優位に立てるような力関係ではないからです。「我々はこうする」とひとつのスタイルに固執して、異なるスタイルの相手と戦って勝っていけるわけではないのです。

歴史的に見ても、日本代表が躍進した2015年ワールドカップでは、日本は初戦の南アフリカ戦ではキックを多用しました。それは、南アフリカがセットプレーを起点とした攻守を得意としていたからです。セットプレーが多くなればそれは南アの土俵になります。それよりもキックを多用して、アンストラクチャーな状況を増やした方が、南アの強みを相対的に減らすことができると考えたのです。

一方、3戦目のサモア戦は対照的に、セットプレー重視のラグビーにもちこみました。それはアンストラクチャーな展開がサモアの土俵だったからです。南ア相手では不利と見られたスクラム、ラインアウトのセットプレーも、サモア相手なら優位に立てる。逆に、南ア相手のようにノータッチキックを使い、間合いのあるところで相手にボールを持たせたら、サモアのペースになると考えました。

2019年も同様でした。どちらかといえばカッチリとしたラグビーを指向するアイルランドに対しては、キックを多用してアンストラクチャーな状況で優位性を作りました。続くサモア戦ではセットプレー勝負に徹しました。

そして、最後のスコットランドにはどうするか？　アイルランド戦同様にキックを多用するか？　と思われましたが、今度は相手の裏をかくようにボールをキープして高速アタックを連続し、スコットランドのディフェンス網を切り裂きました。このように、試合ごとに戦術を変えることができるのは、日本代表の強みといっていいと思います。それは、サンウルブズに参加した外国出身の選手たちが驚きをもって口にしていたことでもあります。

こうしたことを前提に、プール戦4試合を展望してみたいと思います。

▼第1戦　VS.チリ

日本が初戦を戦う相手はチリです。ワールドカップには初出場。世界ランキングは22位。ワールドカップ出場20カ国の中で最も低い順位です（23年7月17日現在）。

チリはW杯予選南米ゾーンでウルグアイに次ぐ2位となり、北米とのプレーオフでカナダ、アメリカと、それぞれのホーム&アウェー戦を勝ち抜いて、「北南米2位」でワールドカップ初出場を決めました。南米では、2019年ワールドカップ後にワールドラグビーが主導して「スーペルリーガ」（スーペルリーガ・アメリカーナ・デ・ラグビー）が設立され、アルゼンチン、ウルグアイ、ブラジル、チリ、コロンビア、パラグアイの南米6カ国のチームが参加。スーパーラグビーから除外されたアルゼンチンチームのハグアレス（ジャガーズ）は2021年からこのリーグに属しています。今回のW杯の北南米代表2枠をウルグアイとチリという南米勢が独占した背景には、この大会の存在があったようです。

実は前回2019年大会でも日本は、初戦、プールでは最もランキングの低い相手であるロシアと対戦しました。その試合、日本はかなり緊張していて、開始直後に相手キックを落球して先制トライを奪われてしまいました。ただ、試合が進むにつれて日本は本来のリズムを取り戻して30－10という妥当なスコアで勝ち、白星スタートを切りました。

今回のチリも、情報は少なく、局面局面では苦戦する場面もあると思いますが、80分間を通した地力勝負では劣ることはないでしょう。また、次戦には勝負のイングランド戦が控えていることを考えると、ここはイングランド戦用のプレーを隠してオーソドックスな戦い方で勝たなければならないでしょう。

その一方で、イングランド戦を睨《にら》んで、あえて、イングランド戦では絶対にやらないプレーをして、相手ディフェンスの意識をそちらへ向けさせる策もありうるでしょう。2015年の南ア戦と同じ構図です。あの試合まで、日本はほぼ常にボールを保持してポゼッション重視のラグビーをしていました。分析してその戦い方に備えていたであろう南アは、キックを多用する日本の戦い方に面食らっていた様子でした。今回も、イングランド戦に向けて、チリ戦ではキックを封印した戦い方を見せるかもしれません。もちろん、イングランドも「これはダミーだろう」と予想するでしょうが、迷わせ、考えさせれば先手を取れます。そういう意味で、イングランドとの戦いはチリ戦から始まっているのです。

しかし、チリは非常に不気味です。強いフィジカルを持っているという情報もありますので、決して油断することはできません。

チリには勝点5を取らなければ決勝トーナメント進出は厳しくなるでしょう。よって、それを前提に、2戦目からの展開を考えていきたいと思います。

▼第2戦 VS.イングランド

第2戦のイングランド戦は、この大会の日本の成績を大きく左右する大一番です。

イングランドのラグビー文化は、大きくて強いFWで相手をドミネート＝制圧することが大前提であり、それが最大の目的でもあります。

イングランドはワールドカップまで1年を切った段階でエディー・ジョーンズHCを

解任し、スティーブ・ボーズウィックが新ＨＣに就任しました。ＨＣが変われば目指すラグビー像も変わるのが普通ですが、イングランドに関してはあまり変わらないような気がします。やはり国民性、お国柄というものは一朝一夕には変わりません。イングランドは間違いなく、フィジカルで優位性を作ろうとしてくるでしょう。

では日本は、そういう相手とどう戦うか。僕は、ボールを持ちすぎないこと、ポゼッションを抑えることがポイントだと思っています。ボールを持っていると、相手ＤＦのプレッシャーを受ける。そこでハンドリングエラーを犯すと、相手ボールのスクラムで試合は再開されます。相手の土俵に入ってしまう。そこからのアタックはイングランドの最も得意なところで、日本のＤＦはかなり厳しい状況に立たされます。言い換えると、イングランドが最も練習を重ねて、最も自信を持って使ってくるオプションがそこから繰り出されるのです。日本から見たら、そのオプションを使う機会を減らすことが大切です。つまり、セットプレーからの相手アタックをディフェンスするよりも、イングランドにアンストラクチャーでアタックさせた方が優位性が高いと思うわけです。

日本側の注目点はＳＯの起用法だと思いますが、誰が入るにせよ、相手に心地よくない状況でボールを持たせるキックを蹴《け》ることができるかがポイントになるでしょう。

もうひとつのポイントは、ハイボールへの対応です。イングランドはほぼ間違いなく、日本陣の深いところにハイボールを上げてコンテストしてくるでしょう。それは彼らが最も得意とする形であり、かつ日本に対する優位性を出せると見込める部分です。イングランドはＷＴＢにも１９０cm台の選手が常にいます。使わないわけがない。日本として大切なのは、イングランドが最も得意とするこの部分で、しっかりと捕球することです。フランスリーグの試合を見ていても、松島幸太朗選手が出ている試合では松島選手を狙ってハイボールを上げる場面は多く見られましたが、松島選手はしっかりとそのハイパントを処理していました。イングランドのハイボールへの対応は、この試合の勝負を分けるポイントになると思います。

▼第3戦　VS.サモア

３戦目はサモア戦です。２０１５年、２０１９年に続きワールドカップでは３大会連続、すべて３戦目の対戦です。試合に臨む構図は過去２大会と変わらないでしょう。サモアはラグビー界ではフィジー、トンガとともに「アイランダー諸国」と括《くく》られます。日本の高校、大学、リーグワンやその下部リーグにもたくさんの選手が来ていますが、彼らの全体的な傾向として「規律」の問題があります。分かりやすく言うと、我慢ができない。粘り強くディフェンスしていると、業を煮やして思いつきのキックを蹴る、イライラして反則してしまう……そういう傾向があります。対して「我慢強さ」とゲームプランを遂行する「忠誠心」は、日本の最大の強みでもあります。日本としては、その勝てるポイントをぶつけていくことが大事です。具体的にはキックを極力蹴らない。蹴るときはタッチへ出す。それも、クイックスローさせないようにスタンドまで蹴り込むこと。とにかくスペース、時間を与えた状況でボールを持たせないことが大事です。

逆に、日本がアタックに回ったときの注意点は、欲を出さないことです。欲を出して、個人のとっさの判断で動くと、そこでアンストラクチャーな状況が生まれてしまう。1対1の状況になってしまうと、個人のフレア、スケールに優るサモアの強みが出てしまう。一見、チャンスに見える局面が生まれても、そこに食いつくと逆にピンチになりうる。つまらないと言われても、組織で決めたことをやりきることが最も大事になります。

特に、サモアのSOまたはCTBには、フランスリーグでプレーしているウルパノ・セウテニ選手が入ることが予想されます。20歳のときからトゥーロン、ボルドー、ラロシェルというフランスのトップチームでプレーしていて、瞬時の判断力は非常に高い。日本は彼をフリーにさせないこともポイントになるでしょう。DFでも大事なのは面を作り組織で動くこと。個々で動くと穴ができて、相手のペースになります。逆に言うと、規律を保ち、目の前の状況に反応しすぎず、欲を出さずにいけば、必ず勝てるでしょう。

▼第4戦　VS.アルゼンチン

そして4戦目はアルゼンチン戦です。この試合を迎える時点で日本もアルゼンチンも3戦全勝なら、ともに8強進出が決まった中で戦える（つまりイングランドもサモアもチリも脱落している）。とはいえ、そんな理想的な展開を前提に考えるわけにもいきません。日本がここまで全勝していても、アルゼンチンが1敗していたら、この直接対決で負けてしまうと、アルゼンチンが敗れた相手との勝点や得失点差も影響してきます。ただ、この試合の前にプールの他の試合はすべて終了しているので、結果はどうあれすっきりした状態で試合に臨めることでしょう。

さて、相手はアルゼンチンです。アルゼンチンといえば、少し前まではスクラムが最大の武器で、スクラムという競技があれば文句なく世界一だと言われたりしていました。スーパーラグビーからハグアレスが除外された近年はイングランドやフランスでプレーする選手も増えて、総合力が上がり、バランスの取れたチームになっています。

この相手と戦うにあたり、日本の一番のポイントはやはりスクラムです。スクラムをイーブンで、あるいは4：6で耐えれば及第点でしょう。これが3：7まで力関係が開くと厳しくなります。ディフェンスで相手にノックオンさせても、次のスクラムで簡単にボールを取り返されてしまうからです。ですから、この試合に勝つための最大のポイントはスクラムです、FWの8人、特にフロントロー陣と長谷川慎コーチのハードワークに期待します。

その前提が叶《かな》ったとして、ではいかにして勝ちを摑《つか》みにいくか。ここからはアタックコーチのトニー・ブラウン、ディフェンスコーチのジョン・ミッチェルの手腕に期待します。おそらく、ここまでの3試合では見せていなかったスペシャルプレーが披露されるのではないでしょうか。

僕がそう予想する理由は、2022年10月のオーストラリアAとの3試合を見たからです。日本代表はオーストラリアAとの3試合に、意図的にそれぞれ異なるゲームプランを持って臨み、続くオールブラックス戦でもまた違うゲームプラン、組み立てを見せました。おそらく、このアルゼンチン戦では、日本代表の「知の結晶」と呼べるラグビーが見られるでしょう。

日本が勝つとすればラスト20分の勝負になるでしょうし、そこで勝負を決めるのは、「こんなプレーを残していたのか」「こんなプレーを考えつくのか」と世界を驚嘆させるようなプレーだと期待しています。

そして、日本がプール戦を勝ち抜いて決勝トーナメントに進んだとすれば、準々決勝ではプールCの相手と対戦することになります。プールCを戦うのはウェールズ、オーストラリア、フィジー、ジョージア、ポルトガルの5カ国。日本がプールDで1位になればここの2位と、2位になればここの1位と、それぞれマルセイユで対戦することになります。

日本はここのことまで考えて戦えるでしょうか？　正直、難しいだろうなとは思います。ただ、2019年のように、プール戦を終えた時点で疲弊しきっている状態にはなっていないのではないかと想定します。それは、日本代表がチームとしても、個々の選手としても、2019年に準々決勝という場を経験したからです。

ワールドカップで優勝を狙うチームはどこも、決勝トーナメントまでを視野に入れて、選手の起用法を考えます。日本にはまだそこまでの余裕はないけれど、前回の経験でその必要性は認識した。日本が今回、プール戦を突破できる保証はありませんが、最初から決勝トーナメントを戦うつもりで大会の準備をすることは、前回になかった変化だと思います。その意味で、どこと対戦することになっても、はっきりと勝利を意識して試合に臨んでほしいと思いますし、臨めるでしょう。願わくばここを突破して、初めての4強に、つまりは大会を最後まで戦う4チームに残ってほしいと思います。

▼注目チームは開催国フランス

大会の見どころは、日本代表のパフォーマンスだけではありません。ワールドカップでは大会ごとに、その大会を象徴する躍進チームが現れます。２００７年大会なら史上初の3位に躍進したアルゼンチンが注目されました。２０１５年と２０１９年の日本もそうでしたし、２０１９年に優勝した南アフリカには、史上初の黒人キャプテン、シヤ・コリシというスポーツの枠を超えたストーリーがありました。

そして今回、僕が注目しているのは、やはり開催国のフランスです。

前回の２０１９年日本大会に、フランスは若い布陣で臨みました。ＳＨアントワーヌ・デュポン選手は22歳、ＳＯロマン・ヌタマック選手は20歳、ＷＴＢダミアン・プノー選手は23歳。その時点で、４年後のワールドカップがフランスで開催されることは決まっていました。フランス開催が決まったのは２０１７年11月ですから、日本大会よりも約2年前です。自国開催が決まった時点から、フランスは国をあげて、今回のワールドカップに焦点を合わせて強化してきたことがうかがえます。パリ郊外に整備された強化拠点には、世界最先端のスクラムマシン「スクラムシミュレーター」が設置されるなど、最新の設備が揃っているそうです。フランスにとっては、練りに練って迎えるワールドカップなのです。

▼北半球勢の復権が進む世界ラグビー

世界ラグビーのトレンドを見ると、ここ数年は北半球勢の復権が進んでいます。2022年秋の南北交流シリーズ、南半球ザ・ラグビーチャンピオンシップ対シックス・ネイションズ勢の対戦成績は、北が7勝6敗1分と勝ち越しました。2015年大会では南半球勢が4強を独占しましたが、2019年はイングランドとウェールズが4強入りしました。

これは、欧州ラグビーのレベルが向上していることの反映でしょう。かつてヨーロッパのラグビーは、ハイパントとスクラム、モールに終始する「退屈な」ラグビーという定評がありましたが、それには事情があります。ラグビーは冬のスポーツですが、ヨーロッパ、特にブリテン島（英国とアイルランド）の冬は雨が多く、グラウンドもぬかるんでいることが多い。走りにくく、ボールは滑りやすい……となると、パスでボールを繋《つな》ぎ、走ってトライを狙うラグビーは難しい。それよりも、キックで前進してディフェンスでプレッシャーをかけ、敵陣に入ったらFWがスクラム、モールで圧力をかけ、ペナルティを奪ったらショットで3点を稼ぐ、という組み立ての方が合理的であり効率的です。

そんな欧州スタイルに変化が現れたのは、南半球から多くのコーチが欧州へ流れたのが大きな理由です。１９９０年代後半に、ウェールズ代表監督にニュージーランドで実績を築いたグラハム・ヘンリーが就任したのをきっかけにコーチの流入が進み、２０１０年代に入るとウェールズにウォーレン・ガットランド、アイルランドにジョー・シュミット、イングランドにエディー・ジョーンズと、スーパーラグビーで活躍したコーチたちがシックス・ネイションズで対戦を繰り広げるようになりました。その時代には、ヨーロッパのラグビーでプロ化が進み、スタジアムの整備が整い、芝も改良され、ランニングラグビーが可能になったという側面もあります。

こうして、南北のラグビーは均質化してきました。しかし、フランスだけは独自性を保っているのです。ブリテンのホームユニオン（イングランド、スコットランド、アイルランド、ウェールズ）が競うように南半球のコーチを招き入れたのに対し、フランス代表はいまだに外国出身の監督（ＨＣ）に指揮を任せていません。

エスニック・ジョークというのがあります。いろいろな国の乗客が乗り込んでいる客船が沈没しそうになった。甲板から海に飛び込まないと助かる見込みはない、だけど飛び込むのは怖い――こういうとき、船長は乗客に何といえば海に飛び込ませることができるでしょうか？

アメリカ人には「ここで飛び込めばあなたはヒーローですよ」といえば飛び込む。

イタリア人には「ここで飛び込めばあなたはモテますよ」といえば飛び込む。

ドイツ人には「飛び込むのが規則です」といえば飛び込む。

もちろんこれはステレオタイプな見方で、その国の人全員に当てはまるわけではありませんが、国民性を表していますね（いくつかのパターンあり）。

ちなみに、日本人には「みんな飛び込んでいますよ」といえば飛び込む。

そしてフランス人には「誰も飛び込んでいませんよ」といえば飛び込む、というのです。

変わり者、あまのじゃくとも言えるし、常にオリジナリティを求めるとも言えるでしょう。フランスのラグビーは、そういう国民性を反映しているとも思われます。たとえば、フランスのファビアン・ガルティエＨＣの振る舞い、醸し出す雰囲気を見ていると、「南も北もカンケーねえ、フランスはフランスだ」という気概を感じます。

それは具体的な戦術にも表れています。２０２３年ワールドカップに向けた各国の戦術開発競争で、フランスが先鞭《せんべん》をつけたのは「ポッド移動」のアタックです。

ニュージーランドで開発されたポッドは、グラウンド全体を均等に攻め、守る思想です。基本的に同じポッド（グループ）の顔ぶれは変わりません。15人（ＳＨを除く14人）は３つないし４つのポッドを作り、自分たちの持ち場を攻め、守る。これはとても効率的だったので、世界中の多くのチームがアタックでもディフェンスでもこのシステムを採用しました。その結果、アタックとディフェンスのせめぎ合いは調和し、拮抗《きっこう》します。ポッド思想の完成度の高さは、世界ラグビーの均質化が進んだ要因のひとつです。同じ思想同士で戦えば、勝負は個人技と強度で決まることになる。圧倒的なスピード、ステップ、パワー――近年のラグビーの多くはそこで勝負がついてきました。

しかし、それに対してフランスは違うことをしようとするのです。

フランスで開発された「ポッド移動」は、アタック側ポッド自体が左右へ位置を変化させることです。例えば右から2番目のポッドがブレイクダウンを作ったとします。ブレイクダウンをはさんで左には2つ、右には1つのポッドがあり、左右どちらにもアタックできる形を作っている。しかしフランス代表はこういうとき、たとえば右端のポッドを構成していた選手たちが一斉に左へ移動したりするのです。ポッド全員が移動すれば、左側はポッドの数で3対2と優位性を作ることになる。もちろんディフェンスも急いで対応しようとするでしょうが、前述したように、ディフェンスが逆側にスライドするには時間がかかる。アタック側がポッドごと移動するのなら、本来はディフェンス側も同じことをするべきなのですが、グラウンドレベルにいる選手たちの視点から「相手のポッドが全員まるごと逆サイドへ移動している」と相手の動きを把握するのはかなり難しいことです。しかもフランスの場合、必ずしもポッド全員が移動するとは限らず、違うポッドからBK選手を連れて行くようなケースもある。言ってみれば、アメーバのように伸び縮みし、形（人数）を変え、居場所を変え、メンバーさえ入れ替わるポッド。僕も法則を完全に把握しているわけではありません。おそらくまだシステムは進化している途中なのでしょう。ワールドカップ本番でも進化を続けるのかもしれません。

ただ、新しいアタック開発は、それに対応するディフェンスを開発させます。僕から見ると、フランスは「ポッド移動」を出すのが少し早すぎたようにも思います。フランスのアタックに対して、各国が対策を立てる時間は十分あるのです。それは、１９８０年代まで主流だった「マークマーク」（自分のトイメンの相手を常にマークする）のように、あくまでも個人単位でプレスしていくシステムと、逆に、相手にとらわれずにグラウンド幅いっぱいを守ることを最優先するゾーンの、両方のメリットを併せ持ったディフェンスシステムかもしれません。相手にいきなりポッド移動を見せられたら面食らうでしょうが、ここまでフランスが見せてきたなら、それをされたときに対応するディフェンスも各国が練習しているはずです。

そう考えると、フランスがここまで見せてきた「ポッド移動」アタックも、実はデコイなのかもしれません。「フランスはこんなことをやってくる」と相手に思わせておいて、違うムーブをぶつける……そんなオプションも用意しているかもしれません。キックの活用法にも注目です。

その一方で、シックス・ネイションズ勢は、フランス代表が様々なオプションをテストしている現場を経験しています。フランスが導入したオプションの効果も把握しているでしょう。「ポッド移動」戦術は、フランスだけのものではなくなっているかもしれません。それは当然、南半球の列強にも伝わっているでしょうが、ヨーロッパ勢には、それを実体験しているという強みもある。そしてW杯本番は各国とも時差がなく、季節も変わらない。

今回は、ラグビーワールドカップ史上初めて、北半球勢が4強の過半数にあたる3枠を占めることができるかが焦点になるような気がします。そして、１９８７年の第１回大会を皮切りに１９９９年、２０１１年と3度決勝に勝ち進みながらいまだ優勝のないフランスが、初優勝を飾るかどうか。ワールドカップは、過去に決勝に進出したチームがニュージーランド、オーストラリア、イングランド、南アフリカ、フランスの5チームしかありません。決勝に進出しながら優勝未経験なのはフランスだけです。その歴史を書き換えることができるかどうか。

北半球勢の復権はなるのか。そしてフランスは悲願の優勝を飾ることができるのか。

無論、日本代表も史上初の4強入り、決勝進出、そして優勝を目指しているわけですが、そこだけではない見どころがたくさんあるワールドカップだと思います。

第5章

ラグビーを愉しむ15の骨法

～おさらいとして～

本書ではここまで、ラグビーというスポーツの構造を理解し、勝利するために各チームはどういうことを考え、実際にどんなプレーをしているのかを考察してきました。最後に、おさらいとして、ラグビーを愉《たの》しむために（見る側も・する側も）ぜひとも押さえておきたい15のポイントを書き出してみました。

▼1　試合前はメンバー構成、総キャップ数を見よ

僕には、試合を解説するとき、チェックする項目がいくつかあります。

ひとつは当然ですが、その試合のメンバー構成です。前の試合からメンバーを変えているのか変えていないのか。変えているとしたら、どのポジションをどんな選手に替えたかによって、この試合に臨むコーチの考え方が見えてきます。たとえばそれが、キックの得意なSOからランニングプレーの得意なSOに変わっていたなら、ポゼッション重視の戦術にシフトするのかな、と想像できます。

メンバー構成を見るときのひとつの目安が、テストマッチでいう「総キャップ数」です。エディー・ジョーンズは「ワールドカップで優勝するには、先発15人の総キャップ数合計600が必要」と言っていました。平均40です。これはかなりの経験値の高さと言えるでしょう。ただし、キャップ数は多ければいい、少なければダメというものでは

ありません。経験値の高いベテラン選手には安定感がある半面、爆発力、意外性には欠ける。相手からみればプレーが予測できる。ラグビーは15の異なるポジションの選手が集まって戦う競技ですから、同じような発想の選手ばかり揃っていても勝てるとは限らないのです。経験値の点でも、多様性を持った集団になっているのかどうかは、ゲームの中でチームがどんな判断力を発揮するかに繋《つな》がってくるポイントです。

あとは、基本的なことですが、相手チームとのサイズや年齢などのプロフィールの比較（経験値も含まれます）。相手チームを身長、体重のサイズで上回っているのかどうかは、特にFW戦の優劣を想像する上で重要なファクターです。

もうひとつ、チェックしたいのがリザーブ（交替要員）8人の構成です。基本はFW5（第1列3人、LOと第3列が各1人など）、BK3（SH1人、SO兼CTB1人、WTB兼FB1人など）という編成が多いですが、BKを2人に減らしてFWを1人増やし、6人にするケースもあります。2015年W杯で日本代表を率いたエディー・ジョーンズは、スコットランド戦とアメリカ戦でその策を採りました。BKにアクシデントが相次いだ場合のリスクを覚悟してでも、FWの消耗に備えることを優先する考え方です。また、同じポジションにアタック型の選手とディフェンス型の選手がいたとして、どちらを先発に、どちらをリザーブに置くかのチョイスにも、コーチの考えるゲームプランが垣間《かいま》見えます。

▼2 キックオフをどこに蹴るかを見よ

試合はキックオフで始まります。試合前のコイントスで勝った方が、ボールか陣地かどちらかを選択します。このキックオフには、蹴《け》る側も、受ける側も、ゲームにどんな意図を持って臨もうとしているかが濃厚に表れます。

まず蹴る側について。一般的なキックオフ、オーソドックスなキックオフは、10m線付近に落ちるように高く蹴り上げて競りに行く（取りに行く）か、あるいは22m線付近より奥まで深く蹴って、相手の蹴り返しにプレッシャーをかける、そのどちらかが多い。滞空時間の長い、高いキックオフを蹴れるキッカーと、高さのあるジャンパー、奥までプレッシャーをかけに走れるランナーがいる場合は、オーソドックスなキックオフは有効なオプションです。

もうひとつは、オーソドックスではない、奇策です。2015年ワールドカップの初戦、南アフリカと対戦した日本は、試合開始のキックオフでSO小野《おの》晃征《こうせい》選手（サントリーサンゴリアス）がゴロを蹴りました。南アフリカには高さで世界一の選手が揃っていますが、地面にあるボールを拾うのに身長の高さは武器にはなりません。日本代表は、相手の強みを消すと同時に、「いつもと違うぞ」「日本は普通と違うことをやってくる」と相手に警戒感を持たせることにも成功したわけです。

では、キックオフをレシーブする側はどうでしょうか。一般的には、なるべく長く蹴り返してタッチに出して、遠いところから相手のラインアウト・アタックを始めさせるのがセオリーですが、レシーブ側の「奇策」は自陣からアタックを仕掛けることです。ただし、これは、相手ディフェンスのプレッシャーを浴びてハンドリングエラーやペナルティを犯せば、すぐ失点するリスクを背負っていることを意味します。リスクを覚悟でアタックする姿勢は魅力的ではありますが、試合開始直後はディフェンス側も元気なので、アタックの難易度は高くなります。それでもアタックする理由は、相手にアタックさせたくない（ディフェンスをしたくない）場合が考えられます。たとえば、2003年のワールドカップ準決勝、エディー・ジョーンズ率いるオーストラリアの例。オールブラックスを相手にキックオフレシーブから8フェイズ、90秒にわたってボールを動かし続け、オールブラックスはペナルティを犯します。オーストラリアのキックオフをオールブラックスに蹴り返させて、アンストラクチャーから攻めるというオールブラックスのシナリオを狂わせることで、ワラビーズは4ヵ月前に21－50で大敗した相手に22－10で快勝したのです。

▼3 「キッキングゲーム」の狙いを読み取れ

試合が始まると、多くの場合、特にテストマッチの場合は高い確率で、互いにキックを蹴り合う「キッキングゲーム」の様相を呈します。キックには、地域を獲得するためのキック、再獲得を狙うコンテストキック、一気にビッグゲインやトライを狙うキックパスなどいくつかの種類がありますが、ゲームの早い時間帯に行われるのは多くの場合、地域を獲得するためのロングキックの蹴り合いです。よほど力の差がある場合を除き、双方のチームが元気な最初の20分間は、出会い頭の事故のような偶発的なものを除けばなかなかトライは決まらない。それどころか、相手ディフェンスをクリーンにブレイクする機会も滅多にありません。それゆえ、試合の序盤はジャブを打ち合って、相手の出方を探りながら、まずは有利なフィールドポジションに入ることを目指す。点を取りに行くための準備段階にエネルギーを使う――という展開になりがちなのです。

このキッキングゲームは、一見退屈に見えますが、よく見るととてもスリリングで面白い攻防、駆け引きが繰り広げられています。第2章でも触れましたが、これはテニスのラリーに似ています。スマッシュを決めるために、相手の体勢を崩す仕掛けのショットを打ち続ける。相手が「この蹴り合いは不利だ」と見切って、距離が出なくてもタッチに蹴り出そうとしてくれれば勝ち。味方は「射程圏内」（相手陣に近い）位置のラインアウトから次のアタックを仕掛けることができます。

また、キックは、すべてがエリアを取り合うものとは限りません。味方が再獲得を狙って競りに行くようなハイボールを蹴るコンテストキックもあるし、コンテスト以前に、フリーな状態にいる味方にキックでパスを送るキックパスもある。蹴った本人が再獲得を目指すチップキックというオプションもあります。

キッキングゲームはよく「静かなせめぎ合い」と表現されます。それは、一気にトライやビッグゲインを狙うのではないからですが、だからといって退屈なわけではない。そこではビッグゲインやトライチャンスを見つけるためのスリリングなセットアップ戦が演じられているのです。そこにぜひ、注目してください。

▼4　ポゼッションアタックの意図を読み取れ

キッキングゲームに蹴り勝ち、射程圏内まで狙い通りに陣地を進めたチームが次に行うのは、「ポゼッションアタック」です。つまり、ボールを保持してアタックすることです。本書で再三触れてきたように、ラグビーという競技は構造上、ディフェンスが有利にできています。ボールを保持してアタックすることは、それ自体がリスクを背負っています。そのリスクを分かった上でアタックするわけですから、そこにはDFを崩すための分析や狙いがあります。

アタックの意図を読み取れるのは、アタックのパス役になっているのが9番（SH）か10番（SO）か、というところです。

多い例が「9フェイズ」または「9シェイプ」と言われる、SHからの1本のパスで、多くの場合はFWの選手が、相手DFとクラッシュするパターンです。この攻撃の長所は、パスの回数が少ない分、ハンドリングエラーが起きにくく、味方のサポートも早いので孤立しにくいことです。ターンオーバーされるリスクは低く、攻撃フェイズを重ねやすいため、計算が立つということがあります。短所は、相手DFの厚いところなのでビッグゲインをする可能性は低いことです。それでもフェイズを重ねていれば、相手DFのノミネートエラーや、フォールディングエラー（アタック側の左右の配置を数え間違えるエラー）を誘える可能性もある。そうなったときは、一気にビッグゲインやトライを狙えるシチュエーションが生まれます。「9フェイズ」の狙いはそこにあります。我慢比べのアタックです。

もうひとつは「10フェイズ」または「10シェイプ」と呼ばれる、SOからのパスでブレイクを狙うパターンです。「9フェイズ」が多くの場合、密集の近場に立つFW選手へのショートパス1本でクラッシュしていたのに対し、「10フェイズ」ではSH－SOを経由したパスがCTBへ渡ってクラッシュまたはブレイク（あるいはさらにその外に立つWTBまで送られてブレイク）、さらにビッグゲインを、あわよくばトライまでを狙います。

「10フェイズ」のアタックを選択するケースの多くは、「9フェイズ」のアタックを繰り返して、相手DFが内側に寄り、外側に有効な攻撃スペースが空いたとき（アタックによって空けさせたとき）ですが、そもそも相手のDFが内側を厚くしていた場合に、外側に攻撃スペースが空いていると判断して選択されることもあります。裏返すと、相手が外まで広がるDFフォーメーションをとっていた場合、「9フェイズ」で内側を攻め立てることで、相手DFを内側に寄せ、外側のスペースが空くように仕向けるという攻め方もあります。

また、ポゼッションアタックの目標＝出口は、必ずしもトライとは限りません。相手の反則を誘えば、PKからのタッチキックで陣地を進め、より有利な位置で攻撃を再開するチャンスも得られる。あるいは、PKから無理をせずに3点を狙うショットを選択することもできます。反対に、NGはボールを失うこと、反則して相手に攻撃権あるいは得点を狙うチャンスを与えてしまうことです。さらに、攻め手を失ってキックしてしまうということもあります。そうなるくらいなら、自分たちが有利な（ＤＦに転じられる）状態のうちにキックを蹴るという選択肢もあります。そのあたり、攻撃側がどうリスクマネジメントを考えているかを見ることも、楽しみのひとつです。

▼5　ディフェンスの意図を読み取れ

ディフェンス側については、どこに注目すればいいでしょうか。

ディフェンスの目的は、相手のアタックにプレッシャーをかけ、ミスをさせ、ボールを奪うことです。では、どうやってプレッシャーをかけるか。そこには大きく分けて2つの方法があります。

ひとつは、ディフェンスの出足でプレッシャーをかけること。ボールを保持している相手に対して素早い出足で間合いを詰め、タックルしてハンドリングミスを誘おうという作戦です。仮にタックルが届かなくても、激しくタックルに向かっていくことで、相手は大きなプレッシャーを感じます。

もうひとつは、ＤＦ側の横の選手とのコネクション（繋がり）でプレッシャーをかけるディフェンスです。ＤＦが隙間なく並ぶことで「攻めるスペースはないなあ」とアタック側に思わせる。壁でプレッシャーをかける作戦です。

どちらの作戦でプレッシャーをかけようとしているかで、ディフェンス側が相手のアタック能力をどう評価しているのかが垣間見えてきます。というのも、どんなディフェンスにも長所と短所があるからです。激しく前に出ることには、プレッシャーをかけてハンドリングエラーを誘える、ブレイクダウンをゲインラインよりも前で作れる可能性がある一方で、勢いをつけていくぶん、横のDFとのコネクトがどうしても薄れてしまい、入れ替わって裏に出られてしまうリスクもあります。逆に、横とのコネクションを重視して前に出る圧力・スピードが減れば、その間に相手アタックは前に出てくる。防御ラインそのものは崩されていなくても、ゲインラインを切られてしまい、次のフェイズの守りが難しくなってしまいます。これは「どちらが正しい」というものではありません。どちらのディフェンスが自分たちに合っているのか、慣れているのか、どちらのリスクが自分たちにとって脅威なのか、という自己認識と相手のアタック能力への評価が、ディフェンスシステムの選択からは見えてくるのです。

さらにもう一点注目しておきたいのは、相手キックに対する備えです。地上戦のディフェンスライン（フロントライン）でプレッシャーをかければ、相手は当然、背後のスペースへのキックを狙うオプションを考えます。それにどう備えているか。

一般的には、相手キックに備え、DFラインの後方には2人下がっているのがセオリーです（これを「2FB」と呼びます）。FBと片方のWTB、あるいはFBとSOという場合もあります。2人下がることで、FB1人で幅70mを守るよりも危険なエリアを狭くする効果があります。

また、フロントラインと後方の間に、相手のコンテストキックに備える要員を1人置くケースもあります。僕がテレビで解説するとき「うしろに2枚半」とか「2.5枚」とかいう言い方をするのはこの要員です。これは相手がエリアの再獲得を狙って蹴ってくるキック（多くの場合はハイパント）に備えるためなので、フィジカルに強い選手を置くことが多く、NO8の選手の場合が多いです。

ただし、これもトレードオフですが、相手のキックに備えて後ろをケアする枚数を増やせば、必然的に前のDF（フロントライン）が薄くなる。前のDFにリスクが生じるという面もあります。その一方で、地上戦のDFに自信がある場合、あえて地上戦で攻めさせるために、わざと罠《わな》としてフロントラインを薄く、後ろを厚く見せるという策もあります。

ここまでくると化かし合いですが、アタックもディフェンスも、自分たちの強いところを前面に押し出していくことが鉄則であり、裏返せば弱いところをどう隠していくかの勝負でもあるのです。それはすべて、相手との相対的な力関係で決まります。DF側の選手の配置からそこまで読み取ると、試合をさらに楽しめるようになります（選手も試合で駆け引きを楽しめるようになれます！）。

▼6　ブレイクダウンの攻防を見極めよ

アタックとディフェンスのせめぎ合いの見どころは、やはりコンタクトシチュエーション、中でもブレイクダウンの攻防です。アタック側が順調にボールをリサイクルして攻撃を重ねていくのか、ディフェンス側が相手アタックを止め、スローダウンさせていくのか。

アタック側から見て、ブレイクダウンが成功しているかどうかの目安は「押し込めているか」「少人数でボールを出せているか」です。

ラグビー界では古くから「ゲインラインの攻防」という言葉があります。ゲインラインとは、ボールが出る前のポイントからゴールラインと平行に引いたラインのことで、ここよりも前に出れば「ゲインを切った」、出られなければ「ゲインより下がった」と言います。ゲインを切っていれば、味方は前に出ながら密集へのサポートに入れます。

そのセオリーは今でも正しいのですが、僕がもうひとつ注目しているのは「ブレイクダウンが前に動いているか」という視点です。タックルが発生した位置よりもブレイクダウンが前に動いていれば、良い形でボールを出して次のアタックを有利に運べるのです。そしてもうひとつ大事なのが「少人数でボールを出す」こと。ブレイクダウンに人数を割きすぎると、次のアタックで人数が足りなくなるからです。

同じことをディフェンス側から見ると、すべて裏返しになります。ゲインラインよりも前でブレイクダウンを作りたい。接点を前に動かしたい。そして、相手に早くボールを出させたくない。特に相手が(日本代表のように)速いテンポで攻めたいチームであればなおさら、相手の球出しをスローダウンさせることはディフェンスの生命線になります。ディフェンス側から見たベストのシナリオは、ターンオーバーでボールを奪う、あるいは相手のノットリリースザボールなどの反則を勝ち取ることです。ここで注目したいのは、「どうやって」ターンオーバーを狙うのか。ラックを乗り越える（オーバーする）形か、ジャッカルか。ボールを奪うことだけを考えればジャッカルを狙っていくのが近道ですが、ブレイクダウン自体は受け身になってしまう。対してボールを狙わずオーバーに入っていけば、ブレイクダウンを前に動かせる可能性が出てくるわけです。これは、タックルシチュエーションに最初に到達する選手（セカンドマン）のブレイクダウンへの入り方で判断できるので、ぜひ注目しましょう。

もうひとつ注意したいのは、相手の球出しをスローダウンさせようとするとブレイクダウンに「人数を割く」ことになり、次のフェイズのＤＦの枚数が足りなくなるリスクがあることです。ノットロールアウェイやホールディングなど、ＤＦのペナルティを取られるリスクもある。それらの要素も考え合わせると、無理にスローダウンさせることを狙わずに、「出させて止める」という考え方もあります（「ラックを捨てる」と呼んだりします）。

また、試合が進む中でブレイクダウンの戦い方を「変える」ことも、往々にしてあります。序盤は「捨てて」相手に連続攻撃させていたのを、ある段階からプレッシャーをかけ、ターンオーバーを狙う戦術にシフトする。そういう「潮目」を見極めるのも観戦の楽しみです。

▼７　スクラムの攻防をチェックせよ

実際のゲームが進行する中で、重要なチェック項目がセットプレーです。中でもスクラムは、攻守の両面にわたってチームの戦い、士気に大きく影響します。ここがうまくいっているかいないかをチェックすることは、とても重要です。

スクラムに関して、もっとも大切なのは、マイボールをしっかり獲得できているかどうかです。その上で、獲得できていたなら、相手の圧力を受けずに安定したボールを出せているか、むしろ相手に圧力をかけながらボールを出せているか、優位性を作れているか……と、だんだんと求めるハードルが上がっていくのですが、何よりの前提条件は「マイボールを出すこと」です。これができないと、試合が成り立たないと言ってもいい。ディフェンスで相手にプレッシャーをかけてミスさせても、次のスクラムでボールを出せなければ相手にアタックされ、もしも反則をしてしまえば一気に自陣まで下げられ、あるいは相手にそのまま得点のチャンスを与えてしまうかもしれないのです。

スクラムが上手《うま》くいっているかどうかがよく現れるのは、スクラムを組む選手の背中です。背中の高さが揃っていて、キレイに背筋が伸びていれば「良いスクラム」です。一番後ろのナンバーエイトからロックへ、そのロックとフランカーからフロントローの3人へ、押す力がキレイに伝わって、相手にプレッシャーをかけている。反対に、背中が丸まっていたり、並んでいる選手の高さがバラバラだったりすると、スクラムは崩れやすい。8人で組むスクラムが、継ぎ目のない、上下にズレのない一枚の板になってしまうのが理想です。

もちろん、スクラムでPKを獲得できればそれにこしたことはありません。陣地を大きく進め、ラインアウトモールでトライを狙う、あるいは直接ショットを狙って3点を獲得する。スクラムにはそういうビッグチャンスを生むポテンシャルがあります。

その一方で、スクラムにはギャンブル的な側面もあることも頭に入れておいた方がいいでしょう。スクラムで最も重大な反則「コラプシング」は、「故意にスクラムを崩す」と説明されがちですが、実際は、「スクラムが崩れる原因を作った」という反則です。そして、どちらが崩れる原因を作ったのかは、実は判定が難しい。スクラムで優位に立っている側が、わざと相手に崩させた場合は、優位だった側がペナライズされることもありうるのです。また、安定を損なう激しい押し方も、場合によっては（レフリーによっては）反則を科されることもありえます。

スクラムを見る際には、優位に立っているかを見ると同時に、冷静に組めているかどうかも観察してほしいと思います。

▼8　ラインアウトの獲得率をチェックせよ

スクラムとともに試合の展開を左右するセットプレーがラインアウトです。ラインアウトは、ペナルティキックで大きく陣地を進めたところで始められるセットプレーなので、スクラム以上に得点に直結するといえます。

ラインアウトもスクラム同様、最も大事なのはマイボールを確実に獲得することですが、これも、可能であればより条件の良いボールを獲得したい。そのためには、より相手が守りにくい位置で獲得する、つまりなるべくグラウンド中央に近い、15m線に近い位置で捕ることが望ましいというのがセオリーです。もちろん、捕る位置が遠ければ遠いほどスローイングは難しくなります。風の影響も受け、相手に反応する時間的猶予も与えるわけで、難度はより高くなるのです。ロングスローのボールが獲得できているとすれば、それはチームのラインアウトの精度が高いという証左になります。

ラインアウトは当然、身長の高さが有利な条件になります。高いところでボールを確保するのだから当然ですが、実際にモノを言うのは身長と同時にジャンプ力、腕の長さ、そして味方が持ち上げるリフト力も含めた、最高到達点の高さです。時々、身長がそれほど高くなくても腕が長い選手もいるので注意が必要です。また、相手のマークを外す動き（ムーブ）のマネジメントも大事です。チームによっては、20以上のサインを用意して試合に臨むそうです。

そして、ラインアウトの場合はスクラム以上に、相手ボールへの反応、ディフェンスが見どころになります。この「スクラム以上に」というのは、ファンからもよく見えるという意味です。スクラムはどちらが組み勝ったのか、周りからは見えにくいですが、ラインアウトの勝敗は明らかに見えます。

ラインアウトディフェンスには、大きく分けて2つのパターンがあります。ひとつはターンオーバー（スチール）を狙って競りに行くもの、もうひとつはあえて競りには行かずモールに備える作戦です。競りに行って捕れない場合、ジャンプして捕りに行った分、ディフェンス側のモール要員が足りなくなる。それよりも、相手に捕球させておいて、相手が着地した瞬間にモールを押し返すことに集中しようというのが狙いです。自陣ゴール前など、相手にモールを組ませたくないときは、この作戦を採るチームが多いです。もっとも、「ここは競ってこないな」と相手に油断させておいて、虚を突いてスチールに行くという作戦もあり、ラインアウトでは虚々実々の駆け引きが行われます。

また、ディフェンスの勝利は相手ボールをスチールしたり、モールを押し返したりする、いわば「はっきりした」勝利だけではありません。結果として相手がキープしたとしても、狙ったとおりのクリーンキャッチをさせなければ、球出しのタイミングが合わなくなり、狙い通りのムーブをしかけられません。ただし、プレッシャーをかけようとするあまり、捕球しようと空中にいる相手の腕や身体に手をかけてしまうと、ペナルティの対象となるので注意が必要です。

▼9　スコアマネジメントをどう考えているかを把握しよう

ラグビーは相手を得点で上回った側が勝者となります。これは、他の多くのスポーツと同じです。ただ、他の多くのスポーツと違うのは、一度に入る点の数が複数パターンあることです。相手のゴールラインを越えてインゴールにグラウンディングすれば「トライ」の5点。コンバージョンを決めればプラス2点。相手の反則があったとき、ペナルティゴールを決めれば3点。ボールが動いているゼネラルプレーからボールをバウンドさせてゴールを決めればドロップゴールの3点が入ります。となると、1回につきたくさん点を取る方がより勝利に近づける……と考えがちですが、必ずしもそうとは言い切れないのがラグビーの面白いところです。

ラグビーでは、点を取ると、次は点を取られた側のキックオフで試合が再開されます。つまり得点した側は、得点と引き替えに、次は自陣に戻されることになる。ラグビーは地域獲得が重要なので、自陣に戻されるということは失点のリスクを意味します。

そうなると、攻める側はどう考えるでしょうか。失点のリスクを持って自陣に戻るのならば、せっかくならなるべく多くの点を取って帰りたい……そう考えるかもしれません。3点よりも5点、5点よりも7点を取って帰る方が望ましいのはもちろんです。

ただし、トライを取るのは簡単ではありません。特に試合が始まって間もない序盤戦はどちらのチームも元気なので、力攻めでトライを取るのは容易ではない（序盤に入るトライは「交通事故」に喩《たと》えられるような、偶発的だったり個人的なエラーだったり、チームのディフェンスを崩して生まれたわけではないものが往々にして多いです）。相手の屈強な抵抗を退けてトライを取れたとしても、こちらも消耗してしまう可能性もあります。それを覚悟で5点、7点を取りに行く、力攻めで相手を制圧するという考え方もありますが、ラグビーの試合は80分＋αという長時間続きます。試合の途中で力を使い果たしてしまい、ガス欠になってしまったら、序盤の貯金が底を尽いてしまいます（何しろラグビーの点は、入り始めたら7点ずつ入ってしまうのですから）。

ということで、ラグビーの試合、特に力の接近した強豪同士の試合やテストマッチでは、序盤は無理にトライを取りに行かず、3点を取って自陣に戻るという考え方で試合を進めるケースが多いのです。いわばセオリーです。

このセオリーを理解するために僕が目安にしているのが、得点数そのものよりも「得点回数」という概念です。たとえば前半、片方のチームは3トライを取った。もう片方のチームは3PGを取ったとしましょう。トライ数でいえば3－0。片方が圧倒しているように見えます。しかしスコアは、コンバージョンがすべて成功したとして21－9。これは2トライ（と1コンバージョン）を返せば逆転できる。「トライ数3－0」という言葉のイメージほど点差はついていません。

これがスコアの錯覚です。トライを取ることは大事だけれど、トライを取れなくても

ＰＧ（あるいはＤＧ）で3点ずつ刻んでついて行けば大きな差はつかない。後半は、お互いに疲れているのですが、序盤に力攻めをした側がより体力を消耗している可能性が高い。つまり、序盤から無理にトライを取りに行って消耗するよりも、体力を温存しておいて、勝負の決まる後半にパワーを一気に放出する方が、より効率的にトライを取れます。いわば「回収率」は上がるわけで、合理的と考えられます。スコアマネジメントは、同時に自分たちの体力をマネジメントすることでもあるのです。

また、自分たちのチーム状態も重要な要素です。たとえばイエローカードが出ていて1人少ない場合、相手陣でＰＧのチャンスを得たとしても、3点を取って自陣に戻るのはむしろリスキーです。そういう場合は、ＰＧを狙うのではなく、ラインアウトやスクラムを選択して、そのまま敵陣にとどまって戦う方が理にかなっている。それも、ＦＷにカードが出ている場合は、スクラムよりもラインアウトを選択する方がスマートです。

前半から中盤にかけては、そういうクールな判断ができているかどうかに、チームやリーダーの考え方が表れます。ぜひ注目してほしいと思います。

▼10　スタッツを読む（ハーフタイムの数字から何を読み取るか？）

やがて試合はハーフタイムを迎えます。テストマッチやリーグワンなどトップゲームのテレビ中継では多くの場合、ハーフタイムのスタッツ（統計データ）が紹介されます。この数字から何が読み取れるかを考えてみましょう。

スタッツは、集計するテレビ局や担当社によって多少の違いはありますが、基本的な項目としてはゲインメーター、タックル数とミスタックル数（及びタックル成功率）、ラインアウトとスクラムの獲得数と失敗数、反則数、ポゼッション（ボール支配率）とテリトリー（地域支配率）といったものがあります。この中でポゼッションとテリトリーはパーセンテージで、それ以外は実数で表記されますが、タックルの成功／失敗などは集計担当者の主観も入るので、数字にばらつきが出ることもあります。

こうしたことを前提にして、前半終了時点のスタッツ各項目の中で、何を重視すればいいでしょうか。

多くの人が「うまく戦っているな」と判断する材料に、ポゼッション（ボール支配率）があるのではないかと思います。「多くの時間ボールを支配している」と聞けば、なるほど有利に戦っているような印象を受けがちです。しかし、ラグビーはボールを持っていた方が勝つというルールではありません。ボール支配率の高さに比例して得点も多ければ、ゲームをうまく進めていることになりますが、必ずしもそうではない。むしろ、スコアで圧倒しているチームがポゼッションでは下回っているということも多いのです。うまくゲームを進めているチームは、ボールを持ったときにはさっさと得点してしまうので、むしろディフェンスしている時間の方が長い——そういう現象が起きがちです。実際、ハーフタイムのスコアでリードしているのにポゼッションでは下回っているチームは結構多いです。

同様に、あまり評価基準にならないのが「ゲインメーター」や「ランメーター」、つまりボールを持って走った距離を示す数字です。この数字が大きいと、さもアタックが上手くいっているかのような印象を受けそうですが、ゲインメーターは、例えば自陣深くからのカウンターアタックで、相手が誰もいないところを走った分も加算されるものです。そもそも、ゲインメーターはボールを保持していることが前提なので、ポゼッションを反映した数字になります。そして、キックで前進した距離はカウントされません。しかし、実際に陣地を進めるという意味ではランもキックも同じです。

では、僕は何の数字に注目しているかというと、タックル成功率です。成功率の分母となるタックル数は、ほぼポゼッションと反比例した数字になる。試合におけるタックル数は、前後半とも、概算で両チームあわせて100から120程度になりますが（試合によって幅があります）、このタックルがどれだけ精度高く行われているかが、勝負に大きく影響する要素といえます。目安としては、試合に勝つには概ね《おおむ》80%以上のタックル成功率はほしい。前後半合わせて１００のタックルを試みていると仮定すれば、ミスタックルとして許容できるのは20、これを均《なら》せば前後半とも10となります。もちろん分母になる「タックル数」が前半と後半では違ってくるのであくまで目安に過ぎませんが、ハーフタイムの時点でミスタックルを10以下に抑えていれば、ディフェンスは概ねうまくいっていると見てよいでしょう。

もうひとつ、勝負に直結すると僕が考えている項目は「反則数」です。リーグワン２０２２－２３シーズンのディビジョン１のリーグ戦全96試合のスタッツを見ると（各チームは16試合ずつ）、反則数が最も少なかったのはクボタスピアーズ船橋・東京ベイで「１６３」、次いで少なかったのは埼玉パナソニックワイルドナイツの「１７３」でした。この両チームはともに準決勝を勝ち上がり、決勝ではスピアーズが勝ちました。シーズン全体の反則数（の少なさ＝これをディシプリン＝規律と呼ぶことが多いです）は、最終成績と直結していたわけです。

この数字を1試合に均すと、スピアーズは10・5、ワイルドナイツは10・8。ということは、1試合の反則数が10以下なら合格点といったところでしょう。単純にいって、ハーフタイム時点の反則数は「5」以内が目安になると思います。

他に大事なのは、セットプレーのスタッツです。セットプレーは、ラインアウトもスクラムも、試合を迎えるまでにどれだけ的確な準備を重ねて、それを遂行できているかが大きな部分を占めます。もちろん試合中に修正され、後半も含めると数字は変動することも多いのですが、前半のスタッツには準備してきたことの精度と遂行力の高さが現れている。「うまくいっている」と評価できる成功率の目安は、概ねラインアウトで85%、スクラムで90%でしょう。ハーフタイムでこの数字を達成するには、スクラム、ラインアウトともマイボールのミスの許容範囲は1回まで、ということになります。厳しいですが、あくまで数字的にはそうなります。

以上、まとめると、ハーフタイムのスタッツでは、①タックル成功率（ミスタックル数10以下）、②反則数（5以下）、③セットプレー（スクラム、ラインアウトとも失敗は1回以内）、この3項目に注目すると、そのチームが上手くいっているかどうかが分かります。裏返すと、相手のミスタックルが多い、反則が多い、セットプレーの成功率が低い――という数字が出ていれば、味方は上手く戦えていることになります。

とはいえ、スクラムもラインアウトも、後半のメンバー交替や修正で大きく様相を変えることは多いものです。前半の数字がそのまま後半にも当てはまるわけではないということも頭に入れて、観戦したいところです。

▼11　ゲームのターニングポイントを読み取れ

前項ではハーフタイムスタッツの読み取り方を紹介しました。しかし、試合はまだ半分です。後半の40分も、前半と同じペースで進むわけではありません。ゲームはどこかの段階で「動き出す」、つまり「様相を変え始める」のです。

ゲームが動き出す材料のひとつとしてあげられるものに、メンバー交替がありますが、それだけとは限りません。

一般的に、多くのチームが交替選手のカードを切り始めるのは、後半10分あたりからです。前半の40分間ハードワークを続けて疲弊した選手も、ハーフタイムの12分間である程度回復しますので、「あと10分間がんばれ」と後半のピッチに送り出される。そして、交替で投入される選手は、後半10分からであれば30分間（後半20分からであればラスト20分間）という短い時間に自分のエナジーを出し切ることで、ゲームを加速させるというプランです。

ではこのプランを、各チームはどう実践するか。

ギアをあげてグイとアクセルを踏み込むのを後半10分と想定すると、あと10分で下がることが分かっている選手は、残り少ない時間に残っているエナジーを出し切ろうとフルパフォーマンスを見せるかもしれません。その一方で、そこまでのエナジーが残っていなければ、アクセルを踏み込む前の様子見というか、少し保守的な戦いに陥ってしまう可能性もあるでしょう。だからこそ、この時間帯は、意図的にゲームを加速させたいチームにとってはチャンスでもあります。

実例をあげると、2022－23シーズンのリーグワンプレーオフ準決勝、ワイルドナイツ対イーグルスの試合がそうでした。ワイルドナイツは前半の40分はノートライ。イーグルスに2トライを許し、15－17とリードされて折り返しました。そしてハーフタイムを終え、再びピッチに出てきた15人は前半と同じ顔ぶれでした。しかし試合が再開されると、ゲームは前半とはまったく違う姿に変わりました。再開直後、自陣でキックを捕ったSO松田力也選手は、前半なら蹴り返していたような場面で一転カウンターアタックを仕掛け、WTBコロインベテ選手、FLラクラン・ボーシェー選手、CTBディラン・ライリー選手と繋いでビッグゲイン。FL福井《ふくい》翔大《しょうた》選手がゴール前に持ち込み、SO松田選手がラックを作ると、そこからWTBコロインベテ選手が絶妙のタイミングでピック&ゴー。電光石火の勢いでトライを取りきったのです。

このケースは、ワイルドナイツという後半の猛チャージが持ち味というかお約束のチームが演じたものですが、それまでは「射程圏外」という認識で蹴り返していたエリアから大胆なアタックをかけると（そしてそれが成功すると）、ゲームを包む空気はガラリと変わります。まして、メンバーが替わらない中で戦い方を変えてみせると、相手チームに与える衝撃はより大きいでしょう。ゲームを加速させるのは、メンバー交替のタイミングとは限らない。それがよく分かる実例だったと思います。

▼12　カードが出たときの対応準備はできているか

ゲームの中では、たくさんの不確定要素が発生します。負傷もそうですが、近年比重を増してきているのが「カード」というファクターです。危険なプレーなど重大な反則に対しては、イエローカード（シンビン＝10分間の退出処分）、またはレッドカード（その試合の退場処分）が提示されます。近年は安全対策、特に脳震盪対策がより厳格化され、頭部へのコンタクトプレーは原則レッドカードの対象とされるようになっています。しかも、ＴＭＯ（テレビジョン・マッチ・オフィシャル＝ビデオ判定）で入念にリプレイで確認するため、ラグビー的にはさほど珍しくないと思えるようなプレーにもカードが提示されることが多くなりました。カードはハイタックルなど危険なプレーだけでなく、オフサイドの位置で確信犯的にボール出しを邪魔したり（インテンショナルファウル）、相手のパスをはたき落とす（デリバレートノックオン）など、あからさまにトライを逃れようとする反則（故意の反則＝プロフェッショナルファウルと呼ばれます）にも出されます。また、一方のチームが反則を繰り返したときに出されることもあります。

カードが出ると、数的不均衡が生じます。イエローであれば10分間、レッドであれば試合終了まで、カードを出した側は数的不利を、相手側は数的有利を得ます。この時間をどう戦うか。

一般的にいえば、数的優位を得た側は有利です。カードが出たPK（カードが提示されるときは同時にPKも与えられます）でよく見られるのは、スクラムが選択されるケースです。スクラムを組むとFWの8人が1カ所に集められるので、BKには大きなスペースが与えられる。相手がスクラムを8人で組めばBKは6人、攻撃側BKが最初から1人余っている状態になります。相手がそれを嫌ってスクラムを7人で組めば、そのスクラムでプレッシャーをかけることができる。どちらにしてもトライチャンスは大きくなりそうです。

また、カードを受けたのがフロントローの選手だった場合、スクラムを選択すれば、相手は他のポジションの選手を下げてフロントロー要員を入れなければなりません。スクラムの最前列は専門的な訓練を受けた選手でなければ危険だからというのが理由です。

一般的に、フロントローの選手は、（大げさに言えば）スクラムを組むために進化を遂げた人間たちなので、走力やパス、ディフェンスなど、ゼネラルプレーの能力はあまり高くありません（もちろん、堀江翔太選手や稲垣啓太選手のような例外も存在します）。

もうひとつ、よくある選択肢としては、まずショットを狙って3点を取ってしまい、次の相手キックオフから、数的優位を活《い》かしてトライを狙う時間を最大限に使うという方法もあります。

ただ、気をつけなければいけないのは、そのアタックが自分たちのゲームプランに沿っているか、自分たちの持ち味に合っているかということです。

２０２２－２３シーズンのリーグワンプレーオフ準決勝、スピアーズ対サンゴリアスでは、開始5分にサンゴリアスの選手が危険なプレーでレッドカードを受け、サンゴリアスは残り75分間を14人で戦わなければならなくなりました。スピアーズから見れば絶対的に有利な状況です。ところがこれが分からない。数的優位のときは、ボールをキープして戦うのがセオリーですが、それはスピアーズ本来のゲームプランではありませんでした。対するサンゴリアスは、１人少なくなったことで、開き直って大胆なアタックを仕掛けるようになったのです。結果としてはスピアーズが勝ったものの、サンゴリアスはタイムアップ後も6点を追って6分間にわたって猛攻。最後はインゴール左隅にボールを持ち込みながらTMO判定の末ノートライとなりましたが、14人で戦ったサンゴリアスの戦いぶりは多くの喝采《かっさい》を浴びました。

もうひとつの例としては、前に紹介したように、イエローカードが出て数的不利な場合、PGチャンスを得てもあえて狙わず、数的不利のまま自陣に戻るよりも、敵陣に留《とど》まることを選択したワイルドナイツのチョイスもあります。

こうして例を挙げるだけでも分かると思いますが、カードが出て数的優利または不利となった場合のセオリーは、存在しても例外は多い。「正しい対処法」「正解」は存在しないといっていいのです。ただ、その準備、心構えをしているかどうかは、カードが出たときの対応ぶりに垣間見えると思います。各チームがどんな選択をするか、またそのときのチーム内のコミュニケーションぶりを見ることも、ゲームのひとつの愉しみ方だと思います。

▼13 選手交替のタイミングを読む（両チームの疲労度を見抜く）

試合は後半20分にさしかかってきました。残り20分。最後のクオーター。本当の意味で勝負の時間帯です。

この時間帯の見どころは、交替選手というカードの切り方です。交替選手には「フレッシュレッグス」という異名があります。消耗していない、元気な足の持ち主という意味です。交替枠は8人。これをどう使うかは、コーチングスタッフの腕の見せ所です。

ベンチが動くのは、たいていの場合50分前後からです。それも、最も消耗度の高いフロントローから交替させるケースが多い。フロントローの選手は、交替出場した選手が仮に負傷した場合、ベンチに下がった選手がもう一度ピッチに戻れます。HCとしては安心して交替カードを切れるのです。それもあって、フロントローの選手を3人まとめて替えるケースもよくあります。

同じようなケースとして、仕事量の多いハードワーカーを入れ替えることがあります。バックファイブと総称されるLO、FL、NO8の選手は、ブレイクダウンの主役として、「9フェイズ」のボールキャリアーとして、スクラムでは最後尾で押すリーダーとして、ラインアウトではジャンパー兼リフターとして、ほぼ休みなく働きます。それだけに消耗度も高い。ここの選手を戦術的に入れ替え、フレッシュレッグスを投入することのインパクトは大きいのです。ブレイクダウンやボールキャリーといった、ゲームのベーシックな部分をパワーアップ、スピードアップさせる効果が期待されます。

これらの選手は、ゲームの中で特別な役割を果たすと言うよりは、ベーシックなプレーをタフに遂行するハードワーカーです。対して、違う役割を持って投入される交替選手もいます。それは、爆発的なプレーを期待されるインパクトプレーヤーです。「ゲームチェンジャー」（ゲームの流れを変える選手）という呼び名もあります。

ゲームチェンジャーとして投入される選手はSHやSOの選手が多いです。それは、ボールに触る機会が多く、各フェイズの起点でプレーする選手なので、ゲームに影響を与えやすいということが理由です。簡単に言えば、実直なパスでゲームメークしていたSHから、積極的にサイドアタックを仕掛ける攻撃的SHに交替すれば、ゲームのスピードは明らかに変わります。あるいは、FWを動かすタイプのSHから、速いテンポでパスを捌《さば》くタイプのSHに交替すれば、ゲームのテンポは劇的に上がります。同じように、キック主体のSOからラン主体のSOに交替したなら、相手DFはゲームスピードの変化に対応するのに苦労することでしょう。

そしてもう一つインパクトプレーヤーの使い方として考えられるのは、本当にラストプレーで仕事をしてくれるフィニッシャーでしょう。2015年ワールドカップの南アフリカ戦、エディー・ジョーンズHCは試合終了も押し迫った78分に、交替枠最後の1人となるカーン・ヘスケス選手を投入しました。そのヘスケス選手はピッチに入って4分後のファーストタッチで、ラグビーの歴史に残る大逆転トライを決めてみせたのです。それまでの攻撃をセットアップしたリーチ選手や立川選手、アマナキ・レレイ・マフィ選手の働きがあってのトライだったのは確かですが、あそこでボールを持ったヘスケス選手が本当のフレッシュレッグスだったことは、大逆転劇を完成させた重要なファクターだったと思います。

▼14 ファイナルミニッツのタイムマネジメント

さて、試合は残り10分を切りました。ここからは本当の意味で、試合をどう勝利で終わらせるか、ギリギリの勝負になります。ギリギリの点差で戦っていると想定して、この時間の戦いの焦点を考えてみましょう。

この時間のマネジメントを考える上で参考になるのが、第2章でも触れましたが、2015年ワールドカップの日本対南アフリカ戦です。南アは29－29の同点で迎えた後半32分、日本ゴール前5mで得たPKでショットを選択。ハンドレ・ポラード選手がPGを決め、32－29と3点のリードを奪いますが、南アは3点のリードと引き替えに自陣に戻ることになりました。時間は残り7分。結局、日本はその時間で、南ア陣深くに攻め込み、南アは反則の繰り返しでイエローカードも出してしまいました。最後は84分まで試合が続き、日本がヘスケス選手の劇的トライで逆転勝ちを収めました。

南アからすれば、最後は3点で逃げ切れると思ったのかもしれませんが、3点と引き替えに相手にキックオフを蹴るチャンスを与える＝自分たちは自陣に戻ることは、そういうリスクと背中合わせだったのです。もしかしたら、ＰＫでショットを狙わず、日本ゴール前に居座って圧力をかけていたら、トライを取れた、あるいはもっと時間を費やした上でまたＰＫを得られたかもしれません。

とはいえ、スクラムを選択したとしても反則を取られてしまうリスクもある。こういうケースに「これが正しい」という解はありません。そして、判断に迷うケースは本当にいろいろあります。例えば上記の南ア－日本のケースで、南アがＰＫを得た後半32分の時点で、南アが1点負けていたとしたらどうか。そこではまず3点を取って、スコアでリードしておくべきだと考える人が多いでしょう。その一方で、1点ビハインドから3点取ってもリードは2点。ＰＧかＤＧが1本決まれば再逆転されるというリスクを背負って自陣に戻ることは同じです。セットプレーとボールキープ力に自信があるなら、もっと時間を使ってトライを狙う選択もあるかもしれない。また、1点リードしている場面であれば、ＰＧを決めて4点差に広げれば、自陣に戻されてもＰＧやＤＧだけでは逆転されないことになる。トライを取られれば逆転されるリスクは変わらなくても、3点では追いつかれない（逆から見れば3点では追いつけない）ことは相手にとってプレッシャーになります。とはいえ、それによって攻める側が開き直って勢いづく、なんてことも勝負には往々にしてあります。僕自身、高校3年の花園大会の準々決勝で、仙台育英を相手に同じように逆転を急いで、次のキックオフから再逆転のトライをとられて負けた苦い思い出があります。

ということで、繰り返しになりますが、タイムマネジメントに絶対の正解はありません。例の日本対南アにしても、最後のヘスケス選手がＪＰ・ピーターセン選手にタッチに押し出されていたら、南アの選択が正しかったことになっていたわけです。観戦する側としては、正解のない中でリーダーたちがどんな選択を下すか、点数と時間と陣地をどう考えて判断するかを、想像も交えながらじっくりと見守りたいと思います。

▼15「ノーサイド」の振る舞いを堪能しよう

そして試合が終わります。リードしていたチームがそのまま逃げ切ったのか。終了直前のラストプレーでの大逆転があったのか。試合の終わり方にもいろいろな形があります。そして、これは僕がラグビーをやってきた人間だから感情移入してしまうのかもしれませんが、ラグビーの試合終了時の光景には何ともいえない、心を揺さぶる力があると感じます。

ラグビーでは試合終了を「ノーサイド」と呼びます。試合が終われば、敵味方の区別

（サイド）はなくなる、一緒にゲームを楽しんだ仲間だ――という意味です。

2022―23シーズンでは、リーグワンのプレーオフ決勝で、初優勝を飾ったクボタスピアーズ船橋・東京ベイの立川理道主将の振る舞いが話題を集めました。立川主将は、チームが悲願の初優勝を飾ったにもかかわらず、喜びを爆発させるのではなく、まず相手の選手とレフリーに握手を求め、感謝を示してから仲間のもとへ向かいました。

この振る舞いについて聞かれた立川主将は、「ラグビーってそういうもんだと思ってましたから」「仲間と喜ぶのはロッカールームに戻ってからでもできますから」と話したといいます。立川選手自身が「ノーサイドの精神」を体現している選手だからこその振る舞いだったのです。

この「ノーサイド」という言葉は英語ですが、実は英語圏ではほとんど使われていないといいます。海外から日本に来たスター選手が「ラグビーでは試合終了をノーサイドと言うんだよ、こういう意味なんだよ」と聞いて、「へえ、良い言葉だね」と言ったというエピソードがたくさんあるほどです。

とはいえ、海外に「ノーサイドの精神」がないかというと、もちろんそんなことはありません。むしろ、試合が終わった瞬間に相手の選手に握手を求め、健闘を称え合う姿は、いったん整列してお辞儀をしたあとで握手を交わすことの多い日本の試合よりも、より「ノーサイドの精神」をわかりやすく示しているように思えます。

僕がノーサイドの場面で感動したもうひとつの思い出は、本書で何度も取り上げた2015年ワールドカップの日本対南アフリカ戦です。日本から見れば会心の勝利、ジャイアントキリングでしたが、南アフリカからみたらまさかの敗戦、屈辱だったでしょう。にもかかわらず、試合後のスタンドでは、日本のファンと南アフリカのファンが互いの健闘を称え合い、ジャージーを交換する姿までが見られたのです。

これには本当に感動しました。選手だけでなく、ファンも対戦相手をリスペクトして、相手の素晴らしいプレーを称えている。

実を言うと、僕自身はそういうタイプの人間ではありませんでした。大学時代は、自分が出場して大学選手権に優勝したのは一度だけだったのですが、その決勝で僕自身は出来が悪かった。自分のパスがカットされたり、チャージされたり、僕のエラーからトライを取られて二度も逆転された。試合には勝ったけれど、自分の出来が悪くてうれしさもなかったし、相手を称えることにも思い至らなかった。自分にしか目がいっていなかったのです。

僕はそのあと日本代表に選ばれたり、神戸製鋼でキャプテンを任されたりしたのですが、もともとはそんな、ノーサイドを語れるような崇高な人間ではありません。ただ、ラグビーというスポーツが好きで、引退してからもコーチや解説者として多くの選手やチームと関わってきた中で、「ラグビーにはこんなにも魅力があったんだ」ということを知り、学びました。自分ができなかったことだからなおさら、素晴らしい振る舞いをする選手やファンの姿が僕には眩《まぶ》しく見える。そして、その素晴らしさが心に刺さってくるのです。

改めて、試合が終わってすぐに相手を称えることのできる選手たちは素晴らしいと思います。ビッグゲームに負けたときならなおさらです。半年なり1年なりの努力の結果を出すための試合で負けたとき、すぐに勝者を称えることは簡単なことではないと思います。それでもそれができるのは、自分がやるべきことをやりきったという誇りがあるからでしょう。それがあるから、自分たちを上回った相手を胸を張って称えることができる。勝った側も、勝ち負け関係なく互いに力を出し切った仲間として相手を称えることができるのだと思います。

そして、ファンも同じように相手を称えることができる。これは本当に素晴らしいラグビーの文化だと思います。試合が終わったら、どうぞ、戦い終えた選手たちの振る舞いに注目してください。そして、スタジアム観戦であれ、テレビ観戦であれ、大きな拍手を選手たちに送ってほしいと思います。

おわりに

ラグビーワールドカップ・フランス大会がいよいよ目前に迫ってきました。

ラグビーワールドカップはこれまでも毎回とても楽しみな思いで迎えたし、僕はいつも夢中になりました。そして今回も、本当に期待がふくらみます。きっと、今までのワールドカップとは違うワールドカップになるはずです。

そう思う理由はいくつかありますが、一番大きいのは日本代表が自信を持って大会に臨むことです。

ワールドカップに向けて日本代表が始動した2023年6月から、リーチ選手はじめ日本代表の多くの選手の口から「優勝を目指す」という言葉が何度も聞かれるようになりました。こんな言葉、今までの日本のラグビー界では聞くことはありませんでしたし、考えられませんでした。その自信の根拠になっているのは、前大会で初めて準々決勝に勝ち進んだという実績であり、そこで勝てなかった悔しさでもあるでしょう。その後、コロナ禍で思うような試合機会は得られませんでしたが、2022年のテストマッチではフランスと5点差、ニュージーランドと7点差という接戦を演じました。これは、日本ラグビー界全体が世界と戦う自信をつけていることの証《あかし》だと思います。

なかなか、優勝なんて簡単に口にできるものではありません。しかし選手たちはそれを承知の上で「優勝を目指す」と本気で言っている。目指せば叶《かな》うという単純なことではありませんが、目指さなければ絶対に叶いません。

そして、ファンのマインドもかつてとは変化しています。2019年大会では、初めてラグビーの魅力に触れた新しいファンがたくさんラグビーファミリーに仲間入りしてくれました。新しいファンの中には、日本代表が世界で勝てなかった時代を知らない人も多い。彼ら彼女らを魅了したのは、世界を相手に勝ち進む日本代表であって、「日本＝弱い」という発想はないのです。

もちろん、先人たちが苦労を重ねた歴史の上に今があるわけで、先輩方へのリスペクトは忘れてはいけませんが、選手もファンもみなが「勝つ」というマインドで臨むとき、チームは本当に大きな力を発揮する――2019年の日本大会で僕は本当にそれを実感しました。今回は自国開催のアドバンテージはありませんが、アウェーでもありません。松島幸太朗選手の存在などで、フランスのファンも味方してくれるのではないかという期待もあります。過去のワールドカップでも、他国と違ったスタイル、テンポで積極的に大きくボールを動かす日本は、ほとんどの国で熱い声援を浴びてきました。

もちろん、ラグビーそのものの魅力を楽しめることも間違いありません。

僕は小学生のときにラグビーを始めました。もともと身体も小さく、足が速いわけでも手先が器用なわけでもなかった僕は、「どうやったらライバルに勝って試合に出られるか」「どうしたら強い相手に勝てるか」を考えてラグビーをしてきました。ラグビーは、身体が大きい、足の速い、力が強い選手が集まれば強い……そんなイメージを持たれがちかもしれませんが、必ずしもそれだけではありません。小さい側、弱い側が勝つための方法だっていろいろ考えられます。それは僕自身、プレーヤーとして二十数年、その後コーチとして十数年取り組んで、実感してきたことです。簡単ではないですが、不可能ではありません。それを仲間と一緒に成し遂げたときの達成感、仲間との一体感、幸福感は格別です。

そして、引退してコーチとなり、解説者となり、いろいろな方と接する中で、ファンの皆さんも選手と同じ感覚で一体感を持ってくれていることを知りました。

ラグビーはルールが難しいと言われますが、構造自体は単純です。相手のゴールまでボールを運ばなければ点数は入らないし、自陣のゴールまでボールを運ばせなければ失点しない。構造が単純な一方で、ボールを前にパスできないなど矛盾した制約もある。

それがラグビーの奥深さを生み出しています。そして1チーム15人、リザーブを入れれば23人という大人数でプレーすること、試合が始まったら現場の選手が決断していかなければならないこと、80分＋前後半それぞれのロスタイムという長い時間をかけて試合が行われること、スクラムやモール、ブレイクダウンなどフィジカルの強さ、パワーが求められる部分に加え、スピード、フィットネス、そして判断力など、様々な能力が求められる（発揮できる）こともあいまって、勝負を決めるファクターも多岐にわたります。つまり、勝負を決める要素はたくさんあり、戦術や練習方法も進化し続けています。

それだけではありません。ラグビーは、スポーツの中でもルール変更がとても多い競技です。最近でいえば、２０２０年に試験的ルールとして、ハーフウェーライン（50m）の手前から蹴《け》ったボールがバウンドして相手陣22mラインの奥でタッチに出た場合、蹴った側がラインアウトの投入権を得る「50：22キック」というルールが導入され、そのまま正式なルールに採用されました。これは、キックの有効性を高めてディフェンス側に後ろのスペースへのケアを促し、フロントラインのディフェンスを薄くさせることでアタック側の有効な攻撃スペースの拡大を図り、ゲームがよりダイナミックに、またスリリングになることを狙ったルール改正です。

また、安全性を高めるためのルール変更も重ねられています。スクラムの組み方については頻繁に変更が繰り返され、現在は、スクラムを組む際はフッカーが片方の足を前に出して体重を支えるという「ブレーキフット」が、試験的ルールとして採用されています。また、深刻なケガを予防するため、高いタックルをはじめとする危険なプレーへの厳罰指向は、年々厳格な方向へ進んでいます。ちょっと気が早いですが、安全最優先指向がこのまま続いていけば、タックルの規制はどんどん厳しくなるでしょう。そうなると、ボールを持ち続けるポゼッションが、つまり攻撃側が有利になるかもしれません。15人制のセブンズ化が進む可能性もあると思います。一方で、「点が入りにくいことを愉《たの》しむ」ラグビーの歴史と文化を考えると、タックル規制と見合うようディフェンス側の別の部分（ポジショニング、ジャッカルなど）の規制を緩和する、またはアタック側の規制を強化する……なんていうこともあるかもしれません。ルール変更が頻繁に行われるラグビーでは、新しいルールへの理解力、適応力が問われるのはもちろん、次のルール変更を予測する力も求められます。そう考えると、ラグビーは勉強しても勉強しても勉強が終わらないスポーツなのだ、ということを改めて感じます。

その上で、戦術を周到に練り上げ、反復練習で精緻《せいち》を極めたコンビネーションを作り上げても、一発のパワープレーで、あるいはラッキーバウンドのような偶発的なプレーで、もしくは選手のアクシデントなどで、勝負の優劣はあっさり入れ替わることもあります。ゲームの構造だけでなく、勝負の決まり方にまで「矛盾」が入り込むことも、ラグビーの奥深さ、魅力だと思います。

おそらく、このワールドカップが行われる1ヵ月半は、僕たちがラグビーの面白さを再発見し、今以上に深い沼にはまってしまう時間になることでしょう。そしてこのワールドカップでまた、ラグビーの魅力に引きつけられた新しいファンがラグビーファミリーに加わってくれるでしょう。ワールドカップから始まる新しいラグビーのストーリーがとても楽しみです。

これからも僕はみなさんとラグビーの魅力を共に堪能していきたいですし、そうしてラグビーファミリーの輪がもっともっと広がっていくことを、心から願っています。

後藤翔太（ごとう　しょうた）
1983年、大分県生まれ。ラグビー解説者。株式会社識学マネジメントコンサルタント。小学２年生のときにラグビーを始め、桐蔭学園高校ではキャプテンを務め全国ベスト８、早稲田大学では大学日本一２回。神戸製鋼（現コベルコ神戸スティーラーズ）ではキャプテンを務めた。トップリーグベスト15、新人賞を受賞。ポジションはスクラムハーフ。日本代表キャップ数８。引退後、追手門学院大学女子ラグビー部ヘッドコーチに就任、創部３年で大学日本一に輝く。2019年に早稲田大学ラグビー蹴球部のコーチに就任。初年度で11年ぶりに日本一を奪還した。

ラグビー　勝負《しようぶ》のメカニズム

2023年８月29日　初版発行

著者／後《ご》藤《とう》翔《しよう》太《た》

発行者／山下直久

発行／株式会社KADOKAWA
〒102-8177　東京都千代田区富士見2-13-3
電話　0570-002-301(ナビダイヤル)

印刷・製本／大日本印刷株式会社

本書の無断複製（コピー、スキャン、デジタル化等）並びに
無断複製物の譲渡及び配信は、著作権法上での例外を除き禁じられています。
また、本書を代行業者などの第三者に依頼して複製する行為は、
たとえ個人や家庭内での利用であっても一切認められておりません。

●お問い合わせ
https://www.kadokawa.co.jp/（「お問い合わせ」へお進みください）
※内容によっては、お答えできない場合があります。
※サポートは日本国内のみとさせていただきます。
※Japanese text only

定価はカバーに表示してあります。

©Shota Goto 2023　Printed in Japan
ISBN 978-4-04-400731-7　C0075